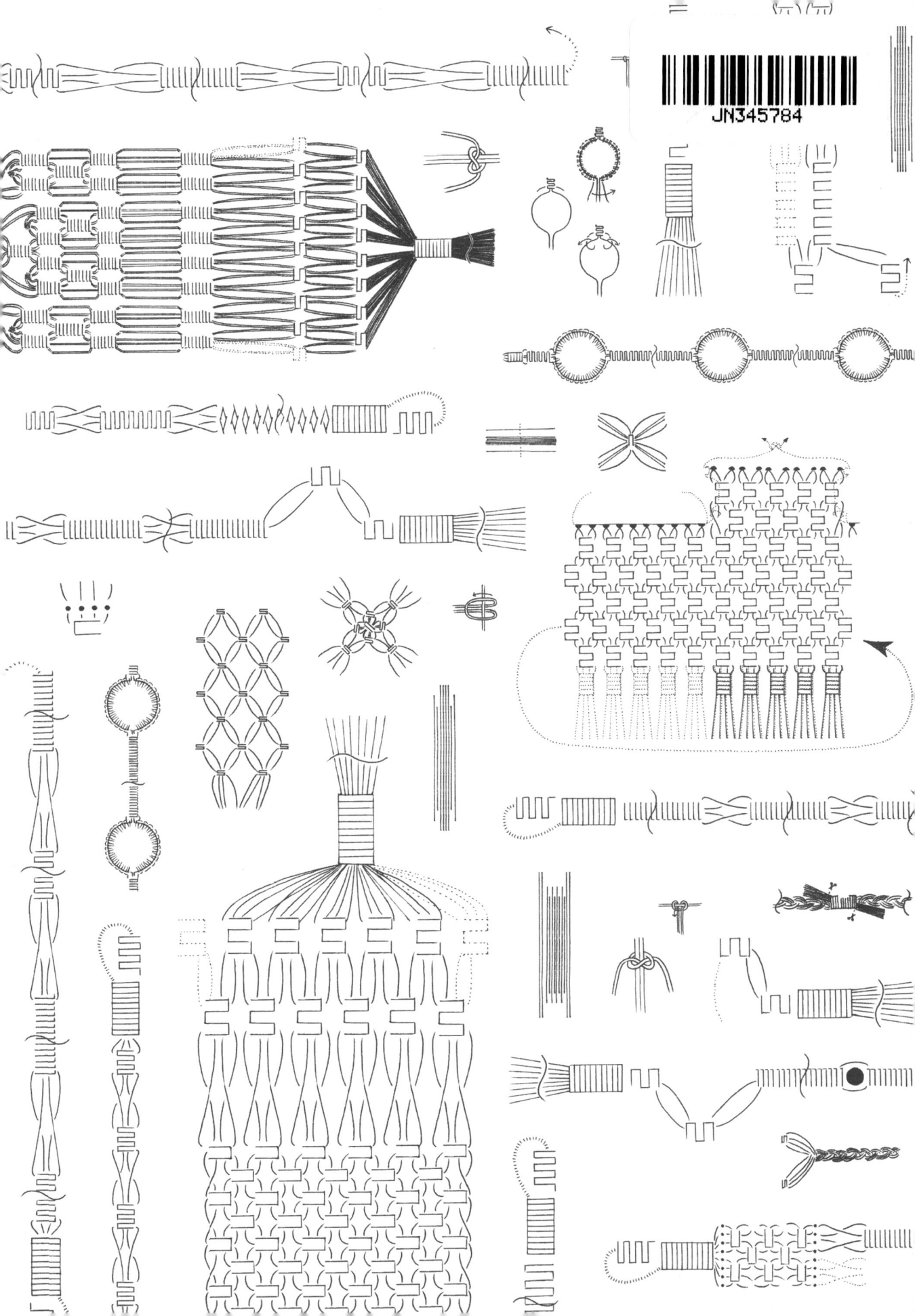

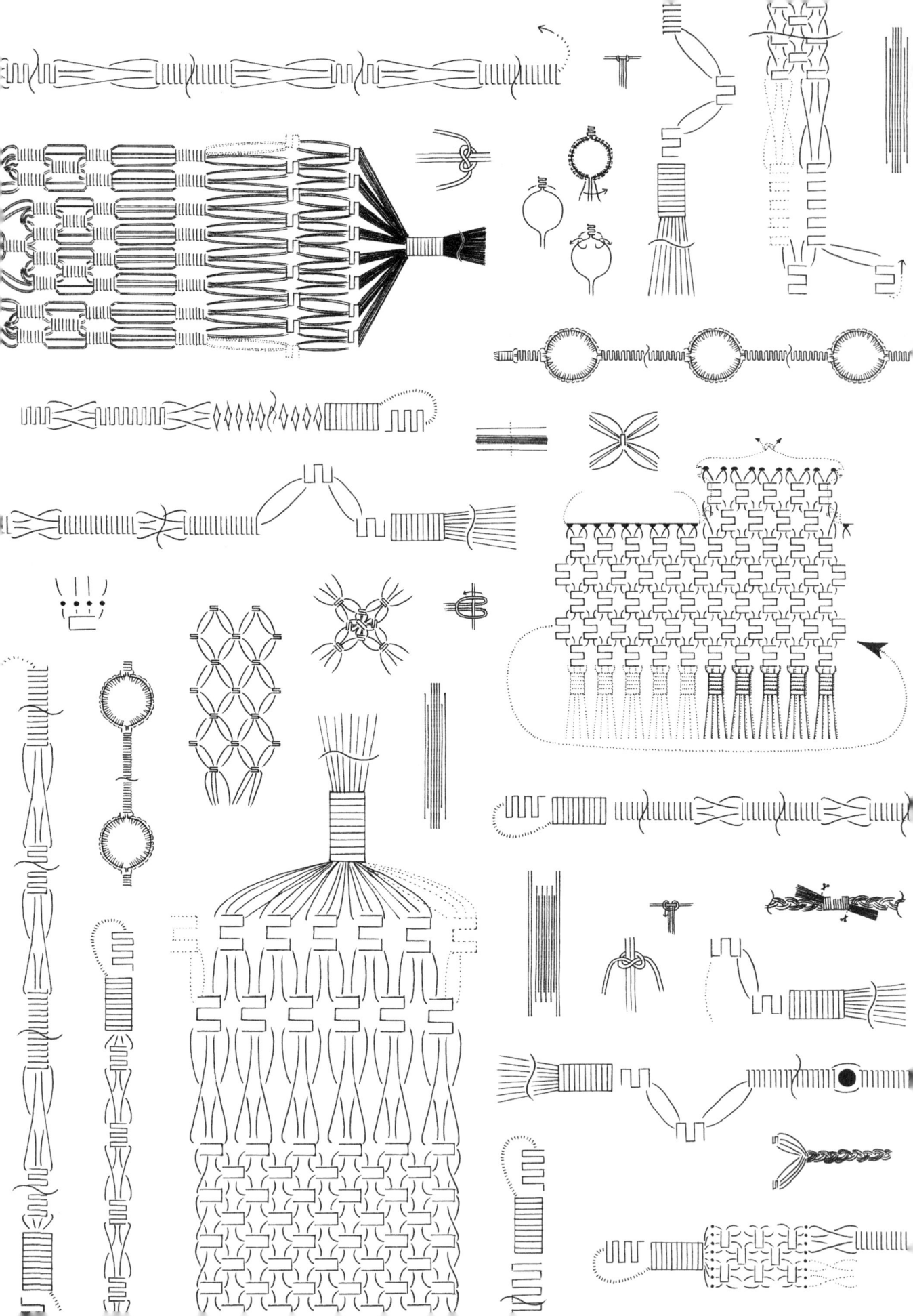

마크라메
행잉화분

그린 인테리어의 시작, 행잉 화분 만들기

WHAT'S MACRAME?
마크라메란?

'마크라메'는 서양식 매듭 공예입니다.
'교차하여 엮는다'는 아랍어 '미크라마'가 그 어원입니다.
예로부터 생활 속에서 전해 내려온 '끈을 엮는' 기술에
오랜 시간을 거치며 정교한 기법이 더해져
단순한 매듭이 선과 면을 이루는 디자인으로 진화한 것이
바로 마크라메입니다.
특별한 도구 없이 끈만 있으면 손쉽게 시작할 수 있는
공예라서 인기가 많습니다.
이 책에서는 마크라메를 이용하여, 식물을 전시할 때
빠뜨릴 수 없는 '행잉 화분' 만드는 법을 소개합니다.

왼쪽부터 차례대로
ARRANGE 03 칠보 행잉
사용한 식물 : 고무나무 '베이비 리프'
Ficus spp. 'Baby leaf'
P.74-75
No.02 심플 행잉
사용한 식물 : 브리세아 포스테리아나
Vriesea fosteriana
P.28-29
No.11 스파이럴 미니 행잉
사용한 식물 : 황금사 Mammillaria elongata
P.46-47
No.14 믹스 미니 행잉
사용한 식물 : 대호환 Echinopsis subdenudata
P.52-53
No.13 스위칭 미니 행잉
사용한 식물 : 당인 Kalanchoe thyrsiflora
P.50-51

CONTENTS

P.03 WHAT'S MACRAME?
마크라메란?

P.06 USE EXAMPLE OF THE MACRAME HANGING
마크라메 행잉 화분이 있는 풍경

P.12 THE KNOT
매듭법

P.20 INTRODUCTION
만드는 법과 포인트 해설

P.24 LET'S TRY!
No.01과 No.02
만드는 법

P.30 HOW TO MAKE
No.03~22
ARRANGE 01~05
만드는 법

P.80 ABOUT CODE
행잉 화분 만들 때
사용하는 끈의 종류
책에서 사용한 끈의 종류

그린 인테리어의 시작, 행잉 화분 27 가지

No.01~22, ARRANGE 01~ 05까지 총 27가지 작품은 매듭법의 쉬운 정도와 제작 시간을 바탕으로 난이도를 정했습니다. 가장 간단한 작품이 ★ 1개이고 ★이 늘어날수록 난이도가 높아집니다. 마크라메 초보자는 간단한 작품부터 도전해 보세요.

№ 01
한매듭 행잉
★
p. 24

№ 02
심플 행잉
★
p. 25

№ 03
스파이럴 슬림 행잉
★
p. 30

№ 04
스파이럴 비즈 행잉
★
p. 32

№ 05
스파이럴 행잉
★★
p. 34

№ 06
플랫 행잉
★★
p. 36

№ 07
플랫 슬림 행잉
★★
p. 38

왼쪽 / No.07 플랫 슬립 행잉| 사용한 식물: 네오레겔리아 둥시아나 Neoregelia dungsiana

가운데 / No.05 스파이럴 행잉 | 사용한 식물: 블루버드 Crassula ovata 'Blue bird'

오른쪽 / No.03 스파이럴 슬림 행잉| 사용한 식물: 섬향나무 '나나' Juniperus procumbeans 'nana'

→ P.38-39
→ P.34-35
→ P.30-31

마음에 드는 식물을
행잉으로
매달아 보세요.
늘 보던 풍경이라도
조금 특별해진답니다.

No.01 한매듭 행잉
사용한 식물 : 가스테리아 아키나키폴리아
Gasteria acinacifolia

➡ P.24-25

No.06 플랫 행잉
사용한 식물 : 립살리스
Rhipsalis capiliformis

➡ P.36-37

No.04 스파이럴 비즈 행잉
사용한 식물 : 산세베리아 '사무라이'
Sansevieria spp. 'Samurai'

➡ P.32-33

왼쪽 / ARRANGE 05 스파이럴 태피스트리 행잉 | 사용한 식물: 파츠헤데라 Fatshedera lizei

➜ P.78-79

오른쪽 / No. 15 올리브 스파이럴 행잉 | 사용한 식물: 아디안툼 '프리츠 루스' Adiantum raddianum 'Fritz Luth'

➜ P.54-55

왼쪽 / No.18 플랫&네 줄 접기 행잉
사용한 식물 : 산세베리아 마소니아나
Sansevieria masoniana

➡ P.60-61

가운데 / No.21 트윈 플랫 행잉
사용한 식물 : 네프로레피스
Nephrolepis

➡ P.66-67

오른쪽 / No.17 스파이럴&네 줄 접기 행잉
사용한 식물 : 호야 레투사
Hoya retusa

➡ P.58-59

잎의 생김새와 가지 모양
줄기가 뻗은 방향 등 식물마다
다른 개성을 살려 주는 행잉.
식물을 공중에 '걸어' 보면
바닥에 '놓았을' 때 미처 몰랐던
개성을 발견할 수 있습니다.

No.17 스파이럴&네 줄 접기 행잉
사용한 식물 : 호야 레투사 Hoya retusa

➡ P.58-59

왼쪽 / No.17 스파이럴&네 줄 접기 행잉 | 사용한 식물 : 호야 레투사 Hoya retusa

➡ P.58-59

오른쪽 / No.21 트집 플랫 행잉 | 사용한 식물 : 네프로레피스 Nephrolepis

➡ P.66-67

THE KNOT
매듭법

책에 나오는 매듭법을 정리하여 소개합니다.
각 작품의 만드는 법 페이지에서 지정한 매듭법을 익혀 두세요.

STYLE 1

랩핑매듭

STYLE 2

옭매듭

STYLE 3

한매듭

STYLE 4

맞매듭

STYLE 5

세 줄 땋기

※ 평매듭에는 '왼쪽 위 평매듭' 과 '오른쪽 위 평매듭' 이, 평돌기매듭에는 '왼쪽 위 평돌기매듭' 과 '오른쪽 위 평돌기매듭' 이 있습니다. 책에 실린 작품에서는 두 매듭 모두 '왼쪽 위' 매듭법만 사용하므로 세부 명칭은 생략했습니다.

STYLE 6

오른쪽 레이스매듭

STYLE 7

왼쪽 레이스매듭

STYLE 8

평돌기매듭

STYLE 9

평매듭

STYLE 10

네 줄 접기

STYLE 11

칠보매듭

THE KNOT

동영상도 확인!

여기 실린 매듭법 11종류를 유튜브에서 공개했습니다.
동영상을 보며 손 움직이는 법 등을 참고하세요.

유튜브에서 **도서출판 즐거운상상**을 검색하세요.

STYLE 1	랩핑매듭	〈FORM〉

끈 여러 줄을 하나로 묶을 때 사용합니다. 책에서는 행잉의 시작 부분과 화분을 받치는 부분에 이 매듭을 사용합니다. 꽉 당기며 끈을 감는 것이 포인트.

1.
한데 모은 끈에 랩핑매듭용 끈을 아래쪽이 고리 모양이 되도록 접어서 겹친다. 랩핑매듭용 끈의 B쪽을 위에서 아래를 향해 빈틈없이 둘둘 감아 준다.

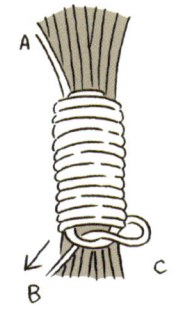

2.
필요한 치수만큼 감았으면 아래쪽 고리 안으로 B를 통과시킨다.

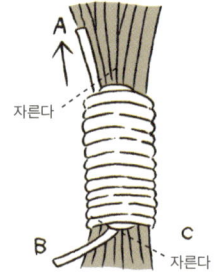

3.
B가 느슨해지지 않도록 당기면서 A를 당기면 아래쪽 고리가 감은 끈 속으로 들어간다. 감은 끈 바로 옆에서 A와 B를 자른다.

STYLE 2	옭매듭	〈FORM〉

두 줄 이상의 끈을 정리할 때 사용합니다.
매듭이 눈에 띄지 않게 하고 싶을 때 사용하면 좋습니다.

1.
정리하고 싶은 끈을 중심끈으로 삼고 화살표처럼 끈을 1바퀴 감는다.

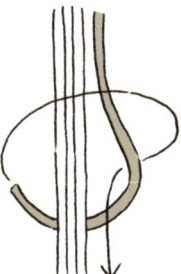

2.
1바퀴 감은 끈의 끝을 꽉 당겨서 조인다.

3.
완성한 모습. 정리할 끈의 수가 늘어도 매듭이 커지지 않는 것이 특징이다.

STYLE 3	한매듭	<FORM>

끈 여러 줄을 하나로 정리할 때 사용합니다. 가장 기본이 되는 쉬운 매듭입니다.

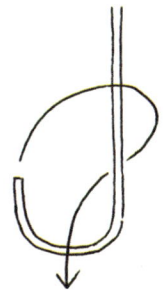 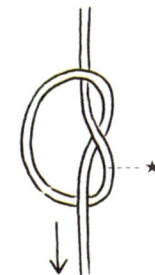 

1.
끈 끝에서 화살표처럼 고리를 만들고 끈을 통과시킨다.

2.
매듭을 만들고 싶은 위치(★)를 누르고 끈 끝을 꽉 당겨서 조인다.

3.
완성한 모습.

STYLE 4	맞매듭	<FORM>

이 매듭은 풀기 어렵다는 특징이 있습니다.
끈과 끈을 잇거나 끝과 끝을 엮어서 고리로 만듭니다.

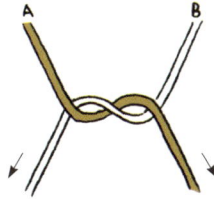 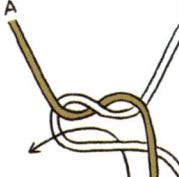 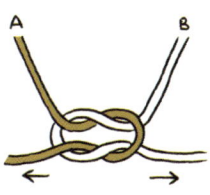

1.
끈 B 위에 끈 A를 놓고 화살표처럼 걸친다.

2.
화살표 방향으로 당겨서 조인다.

3.
끈 B 위에 끈 A를 놓고 화살표처럼 걸친다.

4.
끈 A와 끈 B를 같은 힘으로 당겨서 조인다.

STYLE 5	세 줄 땋기	⟨FORM⟩
	세 묶음으로 나눈 끈을 교대로 땋아서 한 다발로 만들 때 사용합니다. 일상에서도 자주 사용하고 쓰임새도 많은 매듭법입니다.	

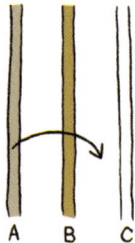

1.

A를 B 위로 넘겨서 B와 C 사이에 넣는다.

2.

C를 A 위로 넘겨서 A와 B 사이에 넣는다.

3.

B를 C 위로 넘겨서 A와 C 사이에 넣는다.

4.

1~3처럼 바깥쪽 끈을 안쪽으로 넣는 과정을 되풀이한다. 가끔씩 당겨서 조이며 엮으면 깔끔하게 땋아진다.

STYLE 6	오른쪽 레이스매듭	⟨FORM⟩
	오른쪽에 엮는 끈, 왼쪽에 중심끈을 놓고 오른쪽에 매듭을 만들면서 엮습니다. 이 책에서는 링을 커버링할 때 사용합니다.	

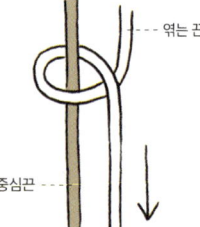

1.

엮는 끈을 중심끈의 위에서 아래로 감고, 당겨서 조인다.

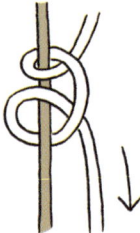

2.

엮는 끈을 중심끈의 아래에서 위로 감고 끈 끝을 고리에 통과시켜서 조인다.

3.

오른쪽 레이스매듭을 1개 완성한 모습.

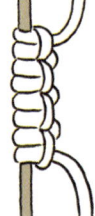

4.

1~3을 되풀이하며 엮는다. 매듭 사이가 벌어지지 않도록 한다.

STYLE 7 — 왼쪽 레이스매듭

왼쪽에 엮는 끈, 오른쪽에 중심끈을 놓고 왼쪽에 매듭을 만들면서 엮습니다. 이 책에서는 링을 커버링할 때 사용합니다.

⟨FORM⟩

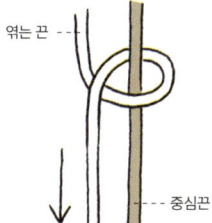 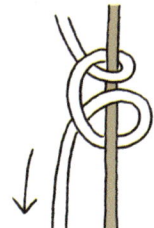  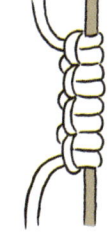

1. 엮는 끈을 중심끈의 위에서 아래로 감고, 당겨서 조인다.

2. 엮는 끈을 중심끈의 아래에서 위로 감고 끈 끝을 고리에 통과시켜서 조인다.

3. 왼쪽 레이스매듭을 1개 완성한 모습.

4. 1~3을 되풀이하며 엮는다. 매듭 사이가 벌어지지 않도록 한다.

STYLE 8 — 평돌기매듭

중심끈에 끈을 엮어 가는 매듭법의 하나. 중심끈에 엮는 끈을 같은 방향으로 계속 엮어서 자연스럽게 꼬임이 만들어지도록 하는 매듭법입니다.

⟨FORM⟩

 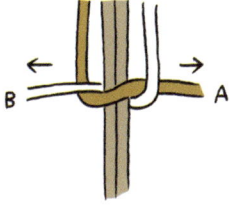  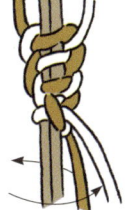

1. 엮는 끈 A를 구부려서 중심끈 위를 지나 엮는 끈 B 아래로 통과시킨다. 끈 B를 중심끈 아래로 통과시켜서 왼쪽 고리로 나오게 한다.

2. 끈을 좌우로 당겨서 조인다. 평돌기매듭을 1번 한 모습.

3. 1~2를 되풀이한다.

4. 매듭이 자연스럽게 왼쪽에서 오른쪽으로 비틀린다. 비틀린 매듭이 반회전하면, 매듭을 밀어 올려서 사이를 좁힌다. 매듭을 약 5번하면 반회전한다.

STYLE 9 | 평매듭

중심끈에 끈을 엮어 가는 매듭법의 하나.
엮는 끈의 방향을 교대로 바꾸며 엮으면 납작한 매듭이 만들어집니다.

⟨FORM⟩

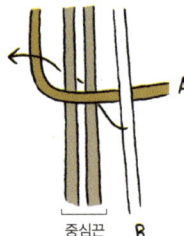 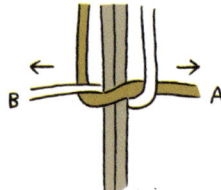  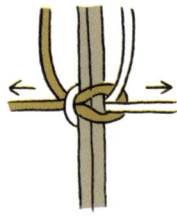

1.
엮는 끈 A를 구부려서 중심끈 위를 지나 엮는 끈 B 아래로 통과시킨다. 끈 B를 중심끈 아래로 통과시켜서 왼쪽 고리로 나오게 한다.

2.
좌우로 당겨서 조이면 평매듭 0.5번 완성.

3.
1과 대칭으로 엮는다. 엮는 끈 A를 구부려서 중심끈 위를 지나 엮는 끈 B 아래로 통과시킨다. 끈 B를 중심끈 아래로 통과시켜서 오른쪽 고리로 나오게 한다.

4.
좌우로 당겨서 조이면 평매듭 1번 완성. 그 후 연속해서 엮을 때는 1~3을 되풀이하고, 몇 번 엮은 뒤에는 매듭을 밀어 올려서 사이를 좁힌다.

STYLE 10 | 네 줄 접기

끈 네 줄을 같은 방향으로 순서대로 엮습니다. 밭 전(田) 자 모양의 매듭이 여러 개 쌓여서 원통 모양이 만들어집니다.

⟨FORM⟩

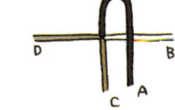 

1.
하나로 합친 끈 4줄을 십자 모양이 되도록 펼친다.

2.
끈 A를 구부려서 끈 B 위에 놓는다.

3.
끈 B를 구부려서 끈 A와 C 위에 놓는다. 끈 C를 구부려서 끈 B와 D 위에 놓는다.

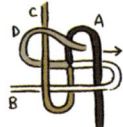 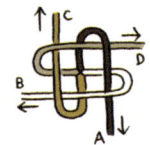 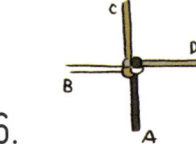

4.
끈 D를 끈 C와 A 위에 놓고 끈 끝을 A의 고리에 통과시킨다.

5.
끈 4줄을 고르게 당겨서 조인다. 이때 A와 C 대 B와 D로 당기면 매듭이 깔끔하게 만들어진다.

6.
네 줄 접기를 1번 완성한 모습. 그 후 2~5를 되풀이한다.

STYLE 11 칠보매듭

윗단과 아랫단의 매듭 위치를 어긋나게 하여 평면이나 통 모양을 만드는 매듭법.
매듭과 매듭 사이의 간격과 횟수에 따라 느낌이 달라집니다.

⟨FORM⟩

1.
끈 4줄을 1묶음으로 하여 몇 묶음을 준비한다.

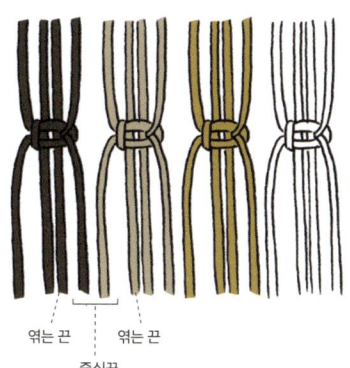

엮는 끈   엮는 끈
중심끈

2.
첫째 단은 각 묶음에서 안쪽 2줄을 중심끈으로 삼아 '평매듭 1번'을 한다(작품에 따라 횟수는 달라진다). 다음은 각 매듭에서 서로 이웃한 끈을 중심끈으로 삼고 그 양 옆의 1줄씩을 엮는 끈으로 삼는다.

※ P.78~79에서 나오는 '평돌기매듭'으로 엮는 칠보매듭도 방법은 같다.

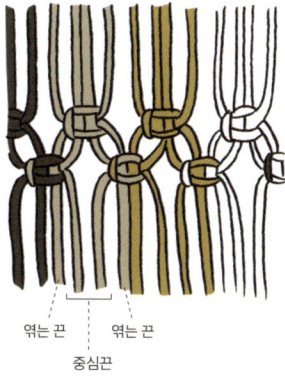

엮는 끈   엮는 끈
중심끈

3.
둘째 단의 '평매듭 1번'을 완성한 모습(첫째 단과 어긋나게 매듭이 만들어진다). 다시 각 매듭에서 서로 이웃한 끈을 중심끈으로 삼고 그 양 옆의 1줄씩을 엮는 끈으로 삼는다.

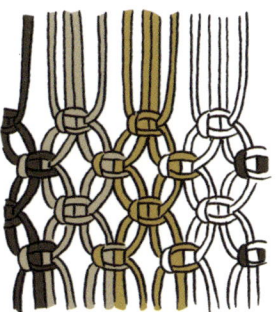

4.
2~3을 되풀이한다. 단의 간격을 띄우지 않고 엮으면 튼튼하게 만들어지고, 간격을 두고 엮으면 비치는 느낌이 된다.

INTRODUCTION

만드는 법과 포인트 해설

P.24부터 소개하는 27가지 행잉을 만드는 법과 중요한 부분의 해설을 정리했습니다.

※ 알아보기 쉽도록 끈의 종류와 색을 실제 작품과 다르게 바꿨습니다.

재료와 도구

마크라메는 특별한 도구가 필요하지 않아서 부담 없이 시작할 수 있습니다. 사용하는 끈은 뭐든 괜찮지만 전용 끈을 사용하면 엮기도 쉽고 깔끔하게 만들 수 있습니다.

<재료>

끈
자연스러운 느낌의 주트(황마) 끈이나 헴프(마) 끈을 비롯하여 부드러워서 엮기 편한 마크라메 전용 끈을 사용합니다.

링 등 부자재
고리 부분에 사용하는 메탈 링이나 비즈, 카우벨 등 장식품.

<도구>

S자 고리
끈을 엮을 때나 완성한 작품을 매달 때 사용합니다.

마스킹테이프
임시로 고정할 때 사용합니다. 각 끈의 끝을 서로 다른 색 테이프로 고정해 두면 중심끈과 엮는 끈이 헷갈리지 않아서 작업하기 편합니다.

투명테이프
끈을 치수만큼 자를 때 투명테이프를 감고 그 가운데를 자르면 끝이 풀리는 것을 막아 줍니다.

가위
끈을 자를 때 사용합니다. 잘 드는 가위로 고르세요.

두꺼운 종이
매듭 간격을 띄우고 엮을 때에 종이본으로 사용합니다. 단단할수록 좋습니다.

줄자와 일반 자
끈 길이나 매듭 간격을 잴 때 사용합니다. 둘 다 있으면 편리합니다.

분무기
케냐 로프를 사용할 때 원 상태로는 단단해서 엮기 어려우므로 분무기로 물을 뿌리면 끈이 부드러워져서 쉽게 엮을 수 있습니다.

자세

매듭을 편하게 엮는 비결은 끈을 고정하고 작업하는 것입니다. 행잉을 만들 때는 긴 끈을 사용하므로 어느 정도 공간이 필요하지만, 끈을 위쪽에 매달아 주면 적은 공간에서도 작업이 가능합니다.

고리 부분 등 엮기 시작하는 부분을 탁자에서 만든 뒤에는 끈을 위쪽에 매달면 엮기 쉽다. S자 고리를 단 막대에 걸거나 벽에 있는 고리를 이용한다. 위쪽에 매달기 어려울 때는 의자 등받이나 문 손잡이에 걸고 작업해도 좋다.

ⓐ [술을 변형하는 법]

끈에 꼬임이 있는 소재를 사용했을 때는 그 꼬임을 풀면 술 부분이 풍성해집니다. 식물과 어울리는지 살피면서 완성된 모습을 확인하세요.

1. 아무 것도 하지 않은 상태.

2. 끈이 꼬여 있는 방향과 반대 방향으로 돌려서 꼬임을 푼 상태.

엮기 시작할 때

고리 부분은 '메탈 링을 사용하는 법'과 '평매듭으로 고리를 만드는 법' 2가지 방법으로 만듭니다. 카페트를 짜듯 평면 상태로 만들 때도 '일반적으로 끈을 묶는 법'과 '감아엮기로 묶는 법', 이렇게 끈을 묶는 2가지 방법이 있습니다.

ⓑ 메탈 링을 사용하는 법

메탈 링 외에도 나무나 플라스틱 소재로 된 링 모양 부속품을 사용할 수 있습니다.

1. 필요한 수만큼 끈을 준비한다(여기에서는 8줄 사용). 각 끈을 한가운데에서 반으로 접어서 메탈 링에 건다.

2. 링에 바짝 붙여서 다른 끈으로 '랩핑매듭'(P.14)을 하여 끈을 하나로 묶는다.

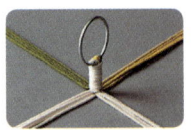

3. 정해진 매듭법에 따라 중심끈과 엮는 끈으로 나눠서 묶음을 만든다(사진은 4묶음).

ⓒ 평매듭으로 고리를 만드는 법

링을 구할 수 없거나 고리를 몸판과 같은 소재 느낌으로 만들고 싶을 때는 고리 부분도 마크라메로 만듭니다.

1. 필요한 수만큼 끈을 준비한다(여기에서는 6줄 사용). 끈을 한가운데에서 가지런히 하여 '한매듭'(P.15)을 해서 한 다발로 만든다.

2. 안쪽 끈을 중심끈(여기에서는 4줄), 바깥쪽 끈을 엮는 끈(여기에서는 좌우 1줄씩)으로 하여 필요한 치수만큼 '평매듭'(P.18)을 한다(작품에 따라서 중심끈과 엮는 끈의 비율이 달라진다).

3. 1의 매듭을 풀고 위아래를 뒤집어서 다시 필요한 치수만큼 '평매듭'을 한다. 이때 첫 매듭은 '평매듭'을 0.5번 한 상태에서부터 한다(P.18 '평매듭'의 과정 3부터 시작한다).

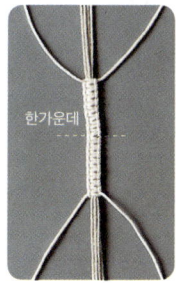

4. 필요한 치수만큼 '평매듭'을 한 모습.

5. 한가운데에서 반으로 접고 매듭 바로 밑에서 '랩핑매듭'(P.14)을 한다.

Ⓓ 일반적으로 끈을 묶는 법

1. 묶을 끈을 중심끈으로 삼을 끈이나 작은 나뭇가지 앞에서 반으로 접어서 놓는다. 고리 안에 끈 끝을 통과시킨다.

2. 끈 끝을 아래로 당겨서 조인다.

3. 끈 1줄을 묶은 모습. 1~3 과정을 필요한 줄 수만큼 해 준다.

Ⓔ 감아엮기로 묶는 법

1. '일반적으로 끈을 묶는 법'의 1~3을 한 뒤, 끈 끝을 중심끈의 앞쪽에서 뒤쪽으로 돌려서 감아 준다.

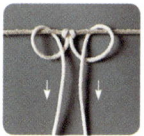

2. 끈 끝을 아래로 당겨서 조인다.

3. 끈 1줄을 묶은 상태. 1~3 과정을 필요한 줄 수만큼 해 준다.

Ⓕ [링에 끈을 묶는 법]

작업하는 도중에 링에 끈을 묶을 때는 위에서 소개한 '감아엮기로 묶는 법'을 응용합니다. No. 20 '하우스 행잉'을 만드는 법입니다.

1. 묶고 싶은 끈을 링 안쪽에서 바깥쪽으로 1바퀴 감는다. 끈 끝은 감은 끈의 왼쪽에 오도록 한다.

2. 끈 1줄을 1바퀴만큼 링에 감은 모습. 끈을 당겨서 조인다.

3. 같은 끈을 1과 마찬가지로 1바퀴 감는다.

4. 끈 1줄을 링에 총 2바퀴 감은 모습. 끈을 당겨서 조인다.

5. 끈 1줄을 다 묶은 모습. 묶을 줄 수만큼 1~4 과정을 되풀이한다.

ⓖ [비즈를 끼우는 법]

행잉에 비즈를 넣어서 포인트를 주기도 합니다. 책에서는 No. 4 '스파이럴 비즈 행잉'에만 비즈를 사용했지만, 이 방법을 사용하면 어느 작품에든 비즈를 넣을 수 있습니다. 취향에 맞게 변형해서 만들어 보세요.

1. 정해진 매듭(여기에서는 '평돌기매듭' P. 17)을 한 뒤에 중심끈에 비즈를 끼운다.
2. 비즈를 사이에 두고 엮는 끈으로 정해진 매듭을 한다.
3. 매듭이 비즈 아래쪽에 만들어진다. 다시 계속하여 매듭을 엮는다.

ⓗ [평면에서 통 모양으로 만드는 법]

행잉에 화분을 넣으려면 여러 줄을 엮어 통 모양으로 만들어야 합니다. 1단마다 매듭 위치를 어긋나게 하여 평면을 만드는 '칠보매듭'을 이용하면 손쉽게 통 모양을 만들 수 있습니다.

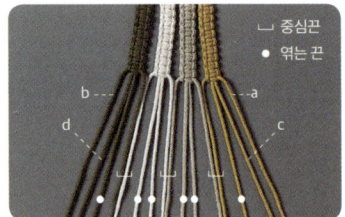
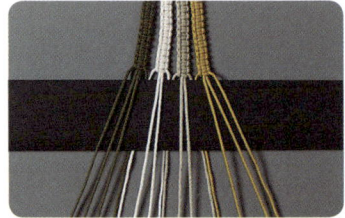
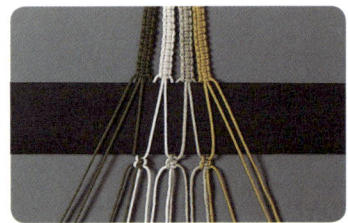

1. 정해진 매듭(여기에서는 '평매듭' P.18)을 한 뒤에 각 매듭에서 서로 이웃한 2줄을 중심끈, 그 양 옆의 1줄씩을 엮는 끈으로 하여 4줄을 1묶음으로 한다.
2. 사이를 벌리고 싶은 부분에 두꺼운 종이를 잘라서 끼운다. 이때 중심끈 위에 두꺼운 종이를 놓는다.
3. 두꺼운 종이를 끼운 채 정해진 매듭(여기에서는 '평매듭 2번'으로 엮는 '칠보매듭' P.19)을 한다.

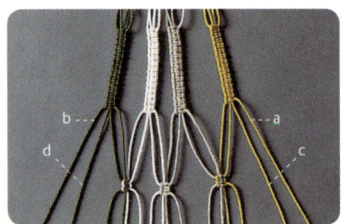
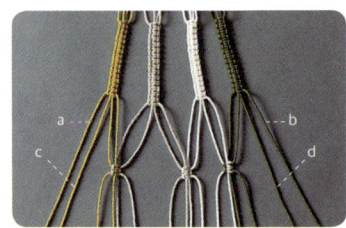
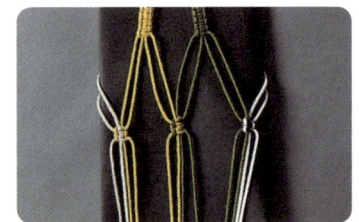

4. 두꺼운 종이를 빼낸다. '평매듭 2번'으로 엮는 '칠보매듭'을 1단 완성한 모습.
5. 전체를 뒤집는다. ※ 통 모양으로 만들었을 때 매듭이 겉쪽으로 오도록 하기 위한 것. a와 b를 중심끈, c와 d를 엮는 끈으로 하여 '칠보매듭 2번'을 한다.
6. 다 엮은 상태. (매듭을 알아보기 쉽도록 종이를 끼워 놓았다)

7. 이 단계에서 통 모양이 되었다. (안에 끼운 종이를 뺐을 때)
8. 둘째 단도 같은 방법으로 통 모양인 상태에서 '평매듭 2번'으로 엮는 '칠보매듭'을 한다.
9. 끈 4묶음을 모아서 '랩핑매듭'(P.14)을 하여 하나로 묶는다.

Ⓘ [매듭 간격을 띄우는 법]

매듭 사이에 간격을 띄워서 비치는 느낌을 표현할 수 있고 끈의 길이와 제작 시간도 줄일 수 있습니다. 사이를 같은 간격으로 띄우기 위해 기준이 되는 두꺼운 종이가 있으면 편리합니다.

1. 정해진 수만큼 매듭(여기에서는 '평매듭' P. 18)을 하고 그 아래에 띄우고 싶은 간격만큼 자른 두꺼운 종이를 끼운다. 이때 중심끈 위에 두꺼운 종이를 놓고, 중심끈과 엮는 끈을 사진처럼 각각 바깥쪽, 안쪽으로 자리를 바꿔 놓는다.

2. 두꺼운 종이를 끼운 채 바깥쪽 끈을 엮는 끈으로 삼아서 다시 정해진 매듭(여기에서는 '평매듭')을 한다.

3. 두꺼운 종이를 뺀다. 중심끈과 엮는 끈이 서로 바뀌어서 들어갔다.

Ⓙ [양 옆의 중심끈을 바꾸는 칠보매듭]

'칠보매듭'을 할 때, 매듭 위치를 어긋나게 하여 엮는 과정에서 남는 양 옆의 끈을 처리하는 방법 중 하나입니다.

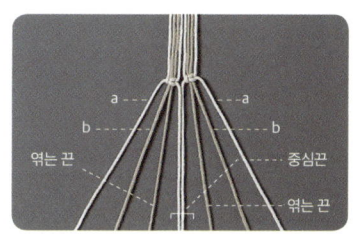

1. 끈 2묶음에 정해진 매듭(여기에서는 '평매듭' P.18)을 한다.

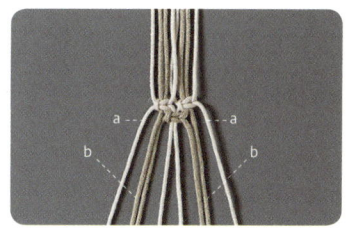

2. 각 매듭에서 서로 이웃한 끈을 중심끈으로 하고 그 양 옆에 있는 끈 1줄씩을 엮는 끈으로 하여 '칠보매듭(P19)'을 한다.

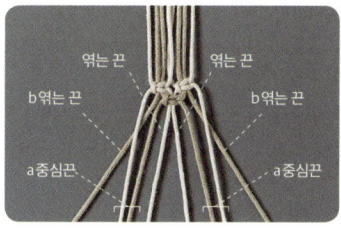

3. 끈 a가 위에 오도록 끈 b를 교차시키고, 좌우 4줄씩으로 나눈 뒤에 각각 중심끈, 엮는 끈으로 나눈다.

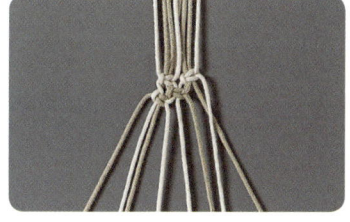

4. 왼쪽 4줄로 정해진 매듭(여기에서는 '평매듭')을 한다.

5. 오른쪽 4줄도 같은 매듭(여기에서는 '평매듭')을 한다.

Ⓚ [끈을 더 넣는 법]

몸판과는 별도로 끈을 더 넣어서 부피감을 내는 기법. 디자인의 포인트가 됩니다. ARRANGE 05 '스파이럴 태피스트리 행잉'을 만드는 법입니다.

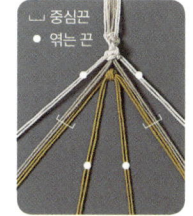

1. 끈 4줄을 한가운데에서 4줄 한꺼번에 '한매듭'(P.15)을 한다. 몸판 끈과 합해서 중심끈과 엮는 끈으로 2줄씩 나눈다.

2. 왼쪽 묶음에서 정해진 매듭(여기에서는 '평돌기매듭' P.17)을 한다.

3. 오른쪽 묶음도 같은 방법으로 엮는다.

LET'S TRY!

다양한 매듭법을 사용한 마크라메 행잉에 도전하기 전에 먼저 끈 끝의 처리 등에 사용하는 간단한 매듭법만으로 만들 수 있는 쉬운 행잉을 만들어 봅시다. 연습용으로 적당합니다.

the first step!!

№ 01

한매듭 행잉

서로 이웃한 끈을 묶기만 하면 끝

난이도 | ★
화분 사이즈 | 2~3호
기법 | 한매듭, 맞매듭
만드는 법 | P.26-27
왼쪽 식물 | 칼란코에 베하렌시스 Kalanchoe beharensis
오른쪽 식물 | 손바닥선인장 Opuntia

№ 02
심플 행잉

◇◇◇◇◇◇◇◇

화분을 받치는 부분만 묶는
간단한 행잉

난이도 | ★
화분 사이즈 | 5~6호
기법 | 랩핑매듭, 한매듭
만드는 법 | P.28-29
식물 | 브리세아 포스테리아나 Vriesea fosteriana

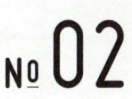

HOW TO MAKE
Overhand Knot Hanging 편

한매듭 행잉

작품 : P.24 제작시간 : 20분

고리에서 화분 바닥까지 길이 : 약 50㎝
재료 : 아웃도어 코드 * 150㎝ × 4줄 (a. b)
* 아웃도어 코드 : 굵기 약 3.0mm / 1타래 약 5m / 폴리에스테르 100%

© 유튜브 동영상을 보며 따라서 만들어 보세요.

'한매듭'과 '맞매듭'만으로 만들 수 있는 행잉입니다. 화분 바닥을 받치는 부분에서부터 바퀴살 모양으로 엮어 줍니다.

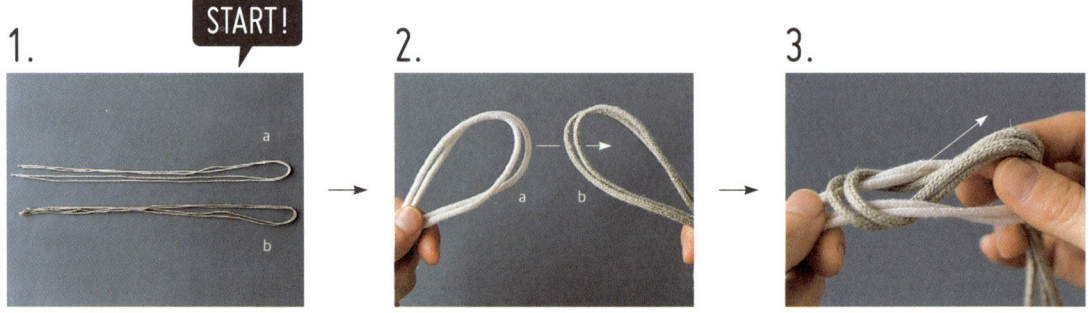

1. 끈을 4줄 준비한다. 2줄 1묶음으로 하여 한 가운데에서 반으로 접는다.

2. 끈 b 고리 안에 끈 a 고리를 넣어서 교차시킨다.

3. 끈 a 고리 안에서 끈 b를 끌어낸다.

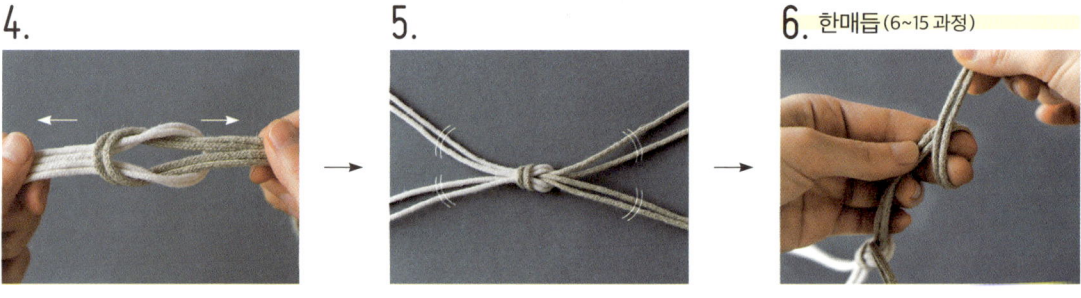

4. 좌우로 세게 당겨서 조인다.

5. 끈을 매듭에서 2줄 1묶음으로 나눈다.

6. 한매듭 (6~15 과정)
끈 1묶음을 손으로 잡고 매듭에서 약 5㎝ 지점에서 손가락에 감아서 고리를 만든다.

7. 고리 안에서 끈을 끌어낸다.

8. 세게 당겨서 조인다. '한매듭' (P. 15)이 1번 만들어진 모습.

POINT!
8의 매듭이 화분 바닥의 가장자리에 닿도록 만들면 화분이 잘 고정된다.

9.
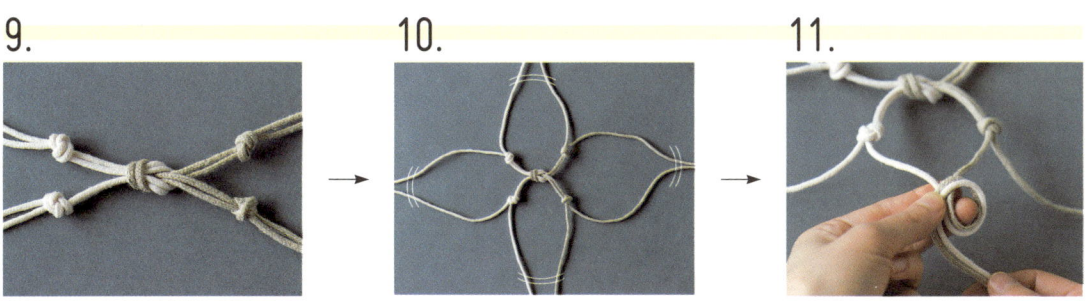

남은 끈 3묶음도 6~8 과정을 되풀이한다.

10.
각 매듭의 서로 이웃한 끈을 4묶음으로 나눈다.

11.
그중 끈 1묶음으로 화분 옆면을 받치는 위치에 '한매듭'을 한다.

12.
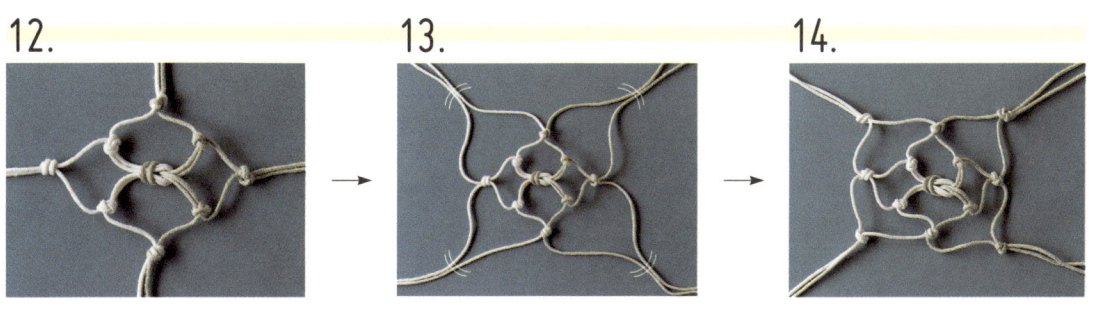

남은 끈 3묶음도 같은 방법으로 '한매듭'을 한 모습.

13.
다시 각 매듭에서 서로 이웃한 끈을 4묶음으로 나눠서 '한매듭'을 한다.

14.
끈 4묶음으로 '한매듭'을 한 모습.

15.
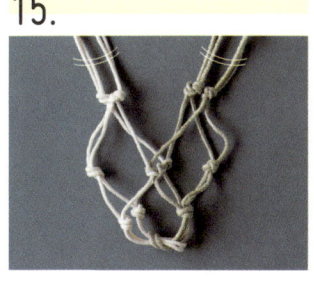

안쪽으로 접고 끈을 4줄 1묶음으로 나눈다.

16. 맞매듭

15의 끝에 '맞매듭' (P. 15)을 하여 손잡이를 만들어서 고리에 걸 수 있도록 한다.

FINISH!

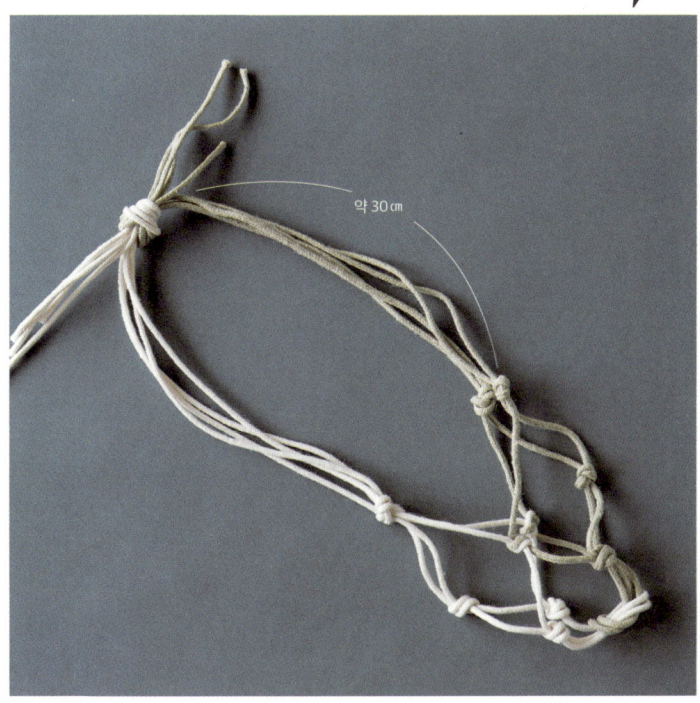

약 30cm

완성. 화분 바닥을 4군데에서 받쳐 주어서 사각형 화분을 안정감 있게 넣을 수 있다.

HOW TO MAKE
Simple Hanging 편

끈의 직선이 만들어내는 아름다움이 눈에 띄는 행잉.
화분 사이즈에 맞춰서 매듭을 만드세요.

심플 행잉

작품 : P.25 제작시간 : 20분

고리에서 화분 바닥까지 길이 : 약 60㎝
재료 : 내추럴 파이버 케냐 로프★
　　　몸판용 160㎝×3줄(a.b.c)
　　　랩핑매듭용 50㎝×2줄(d.e)
　　　우드 링 바깥지름 4.4㎝×1개

★ 내추럴 파이버 케냐 로프 : 굵기 약 3.0mm / 1타래 40m / 마닐라삼

1. START!

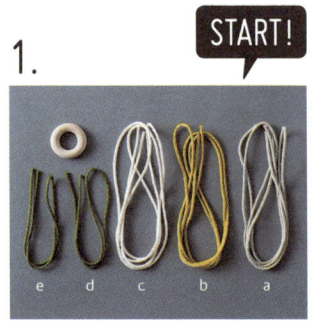

몸판용 끈(a.b.c)과 랩핑매듭용 끈(d.e), 우드 링을 준비한다.

2.

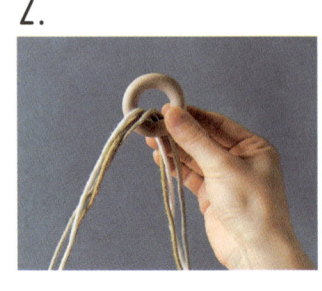

끈 a.b.c를 링에 건다. 이때 끈의 한가운데에 링이 오도록 한다.

3. 랩핑매듭 (3~7 과정)

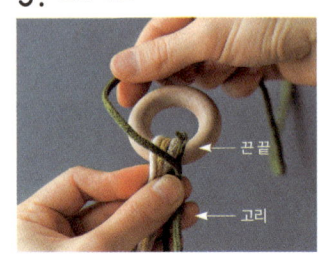

링 아래에 끈 d를 감는다. 감기 시작할 때에는 끈을 반으로 접어서 고리 모양이 아래로 향하도록 하고 윗부분에 끈 끝을 조금 남겨둔다.

4.

끈 사이에 빈틈이 생기지 않도록 시계방향으로 단단히 돌리며 감는다. 위에서부터 아래로 4㎝쯤 감은 뒤에 고리 안으로 끈 끝을 통과시킨다.

5.

3에서 조금 남겨 둔 끈 끝을 위로 당기면 고리가 작아진다.

POINT!

고리가 끈을 감은 부분 속으로 쏙 들어갈 때까지 당길 것!

6.

고리가 완전히 보이지 않을 때까지 당긴 모습.

7.

남은 끈을 가위로 자른다.

8. 한매듭 (8~15 과정)

'랩핑매듭'(P. 14)을 한 뒤에 끈 a.b.c를 2줄 1묶음으로 하여 그중 1묶음으로 화분 옆면에 닿는 위치에서 '한매듭'(P.15)을 한다.

9.

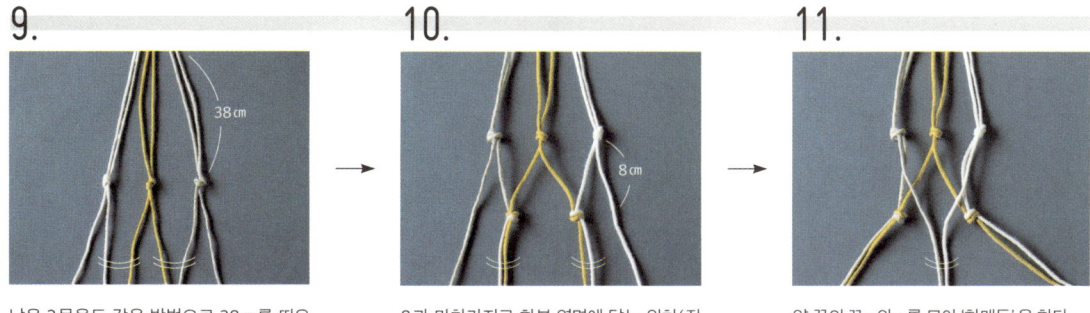

남은 2묶음도 같은 방법으로 38㎝를 띄우고 '한매듭'을 한 뒤, 각 매듭에서 서로 이웃한 끈끼리 모은다.

10.

8과 마찬가지로 화분 옆면에 닿는 위치(작품은 8㎝ 띄운다)에서 9에서 모은 끈끼리 '한매듭'을 한다.

11.

양 끝의 끈 a와 c를 모아 '한매듭'을 한다.

12.

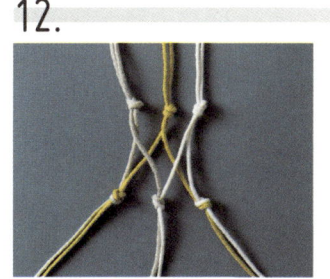

'한매듭'을 2단 엮은 모습.

13.

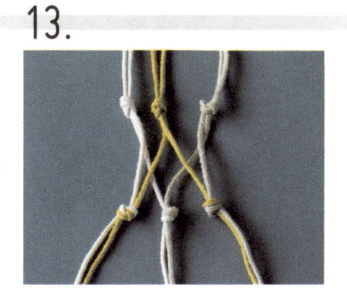

전체를 뒤집는다.

14.

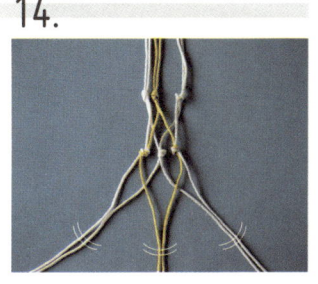

끈 b 2줄을 한가운데로 오게 하고, 끈 a와 c 2줄씩을 양 옆으로 나눠서 3묶음을 만든다.

15.

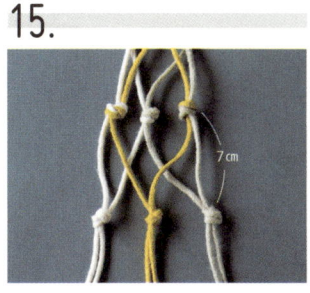

각각 7㎝ 띄우고 '한매듭'을 한다.

16. 랩핑매듭

끈 e를 사용하여 15의 매듭 아래에 '랩핑매듭'을 한다.

FINISH!

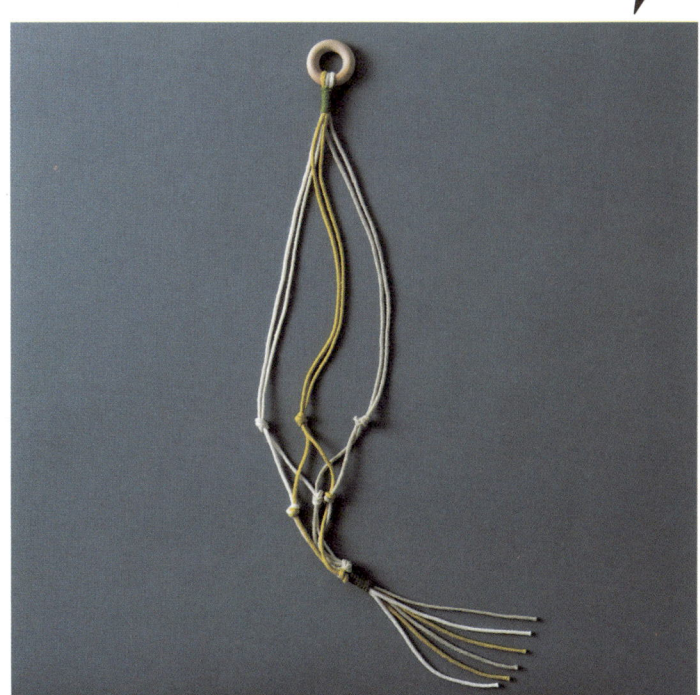

완성. 화분 옆면을 끈 3묶음으로 받쳐 주어서 원기둥꼴 화분을 안정감 있게 넣을 수 있다.

№ 03
스파이럴 슬림 행잉

◇◇◇◇◇◇◇◇

매듭이 적어서 짧은 시간에 만들 수 있어요.

난이도 | ★
화분 사이즈 | 5~6호
기법 | 랩핑매듭, 평돌기매듭, 칠보매듭
식물 | 섬향나무 '나나' Juniperus procumbens 'Nana'

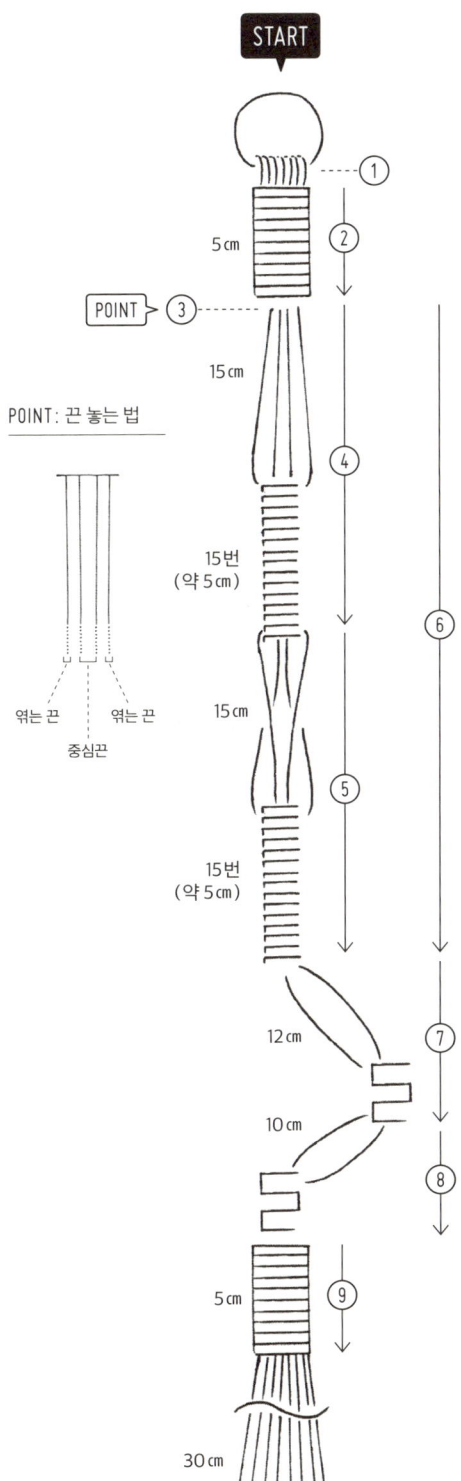

스파이럴 슬림 행잉

제작시간: 100분

고리에서 화분 바닥까지 길이: 약 75㎝
재료: 아크릴 코드 4×4*(검정)
　　　270㎝×8줄
　　　100㎝×2줄 - 랩핑매듭용
　　　메탈 링 안지름 5㎝ 1개
* 아크릴 코드 4×4 · 굵기 약 3.0mm
　1타래 50m / 아크릴 100%

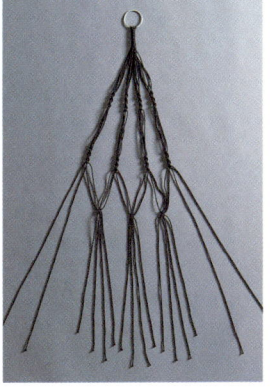

STEP

1. 끈 8줄을 한가운데에서 반으로 접어서 링에 건다.
　※ P.20 ⓑ 참조

2. 랩핑매듭용 끈 1줄로 '랩핑매듭'(P.14)을 5㎝ 길이만큼 한다.

3. 끈을 중심끈 2줄, 엮는 끈 2줄씩 4줄 1묶음으로 나눈다
　(4묶음이 생긴다).

4. 그중 1묶음으로 15㎝ 간격을 띄우고 '평돌기매듭'(P.17)을 15번 한다.

5. 중심끈을 바꾸면서 15㎝ 간격을 띄우고 '평돌기매듭'을 15번 한다. ※ P.23 ① 참조

6. 남은 3묶음도 같은 방법으로 ④~⑤ 과정을 되풀이한다.

7. 12㎝ 간격을 띄우고 '평매듭' 2번으로 엮는 '칠보매듭'(P.19)을 한다. ※ P.22 ⓗ 참조

8. 10㎝ 간격을 띄우고 '평매듭' 2번으로 엮는 '칠보매듭'을 한다.

9. 랩핑매듭용 끈 1줄로 '랩핑매듭'을 5㎝ 길이만큼 한다.

10. 남은 끈을 30㎝ 길이로 고르게 자른다.

※ 그림에서 ~ 부분은 매듭과 치수를 생략했습니다.

№ 04
스파이럴 비즈 행잉

비틀린 모양의 매듭에 같은 색 계열 비즈로 악센트를 주었어요.

난이도 | ★
화분 사이즈 | 5~7호
기법 | 랩핑매듭, 평돌기매듭, 칠보매듭
식물 | 산세베리아 다운시 Sansevieria downsii

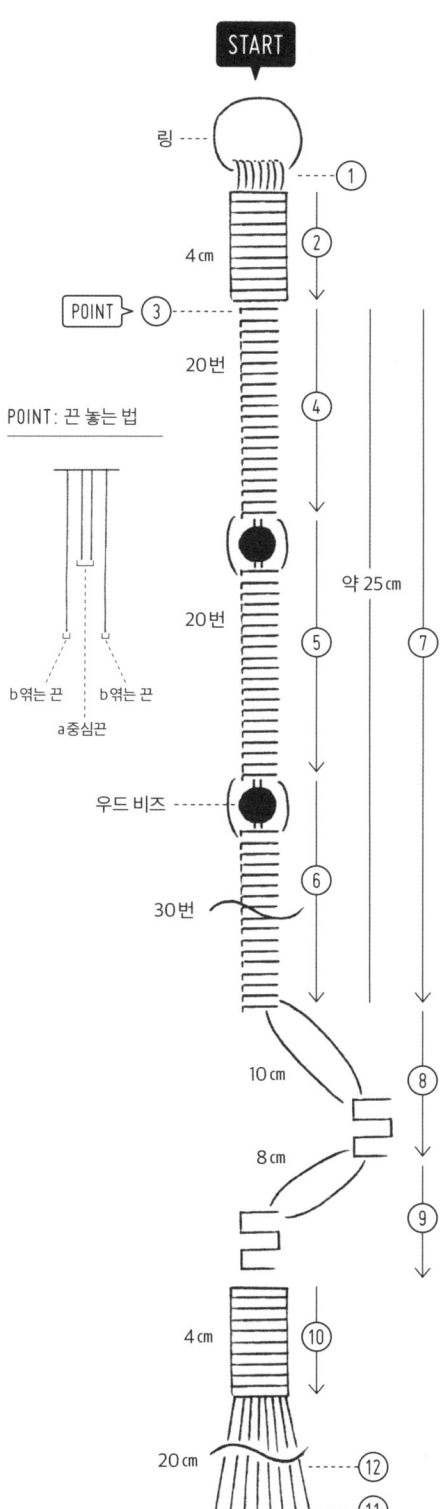

스파이럴 비즈 행잉

제작시간: 100분

고리에서 화분 바닥까지 길이: 약 53㎝
재료: 코튼 코드 소프트 3*(초록)
　　　250㎝×3줄 - a
　　　450㎝×3줄 - b
　　　80㎝×2줄 - 랩핑매듭용
　　　우드 비즈(초록) 6개
　　　메탈 링 안지름 5㎝ 1개
* 코튼 코드 소프트 3 : 굵기 약 3.0㎜
1타래 28m / 면 100%

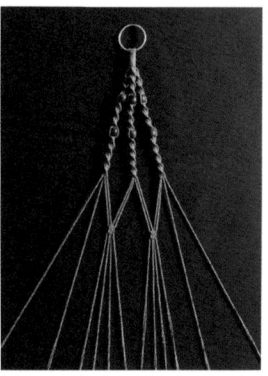

STEP

1. 끈 a와 b 6줄을 한가운데에서 반으로 접어서 링에 건다.
　※ P.20 ⓑ 참조

2. 랩핑매듭용 끈 1줄로 '랩핑매듭' (P.14)을 4㎝ 길이만큼 한다.

3. 중심끈(a) 2줄, 엮는 끈(b) 2줄씩 4줄 1묶음으로 나눈다 (3묶음이 생긴다).

4. 그중 1묶음으로 '평돌기매듭' (P.17)을 20번 한다.

5. 중심끈 2줄에 비즈를 끼우고 '평돌기매듭'을 20번 한다.
　※ P.22 ⓒ 참조

6. 중심끈 2줄에 비즈를 끼우고 '평돌기매듭'을 30번 한다.

7. 남은 2묶음도 같은 방법으로 ④~⑥ 과정을 되풀이한다.

8. 10㎝ 간격을 띄우고 '평매듭' 2번으로 엮는 '칠보매듭' (P.19)을 한다. ※ P.22 ⓗ 참조

9. 8㎝ 간격을 띄우고 '평매듭' 2번으로 엮는 '칠보매듭'을 한다.

10. 랩핑매듭용 끈 1줄로 '랩핑매듭'을 4㎝ 길이만큼 한다.

11. 남은 끈을 20㎝ 길이로 고르게 자른다.

12. 끈의 꼬임을 푼다. ※ P.20 ⓐ 참조

※ 그림에서 ~ 부분은 매듭과 치수를 생략했습니다.

※ P. 8에 실린 같은 작품의 노란색 행잉 재료는 코튼 코드 소프트 3(노랑), 우드 비즈(노랑)

№ 05
스파이럴 행잉

같은 방향으로 엮기만 하면 돌돌 말리는 귀여운 디자인을 완성할 수 있어요.

난이도 | ★★
화분 사이즈 | 6~8호
기법 | 래핑매듭, 평돌기매듭, 칠보매듭
식물 | 유포르비아 온코클라다 Euphorbia oncoclada

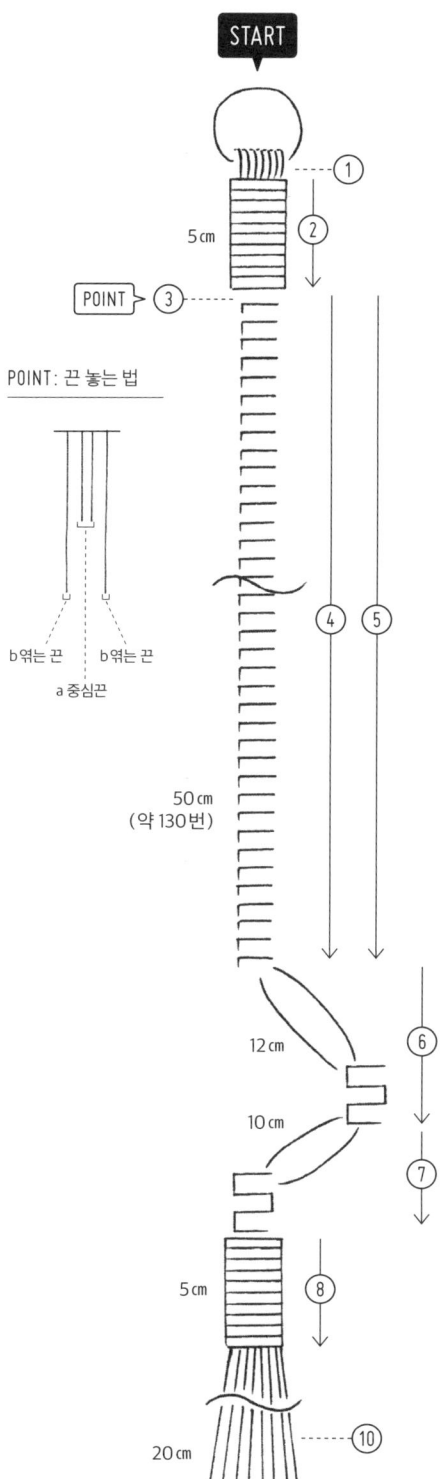

스파이럴 행잉

제작시간: 150분

고리에서 화분 바닥까지 길이: 약 85cm
재료: 코튼 코드 소프트 3*(검정)
　　　260cm×3줄 -a
　　　600cm×3줄 -b
　　　80cm×2줄 - 랩핑매듭용
　　　메탈 링 안지름 5cm 1개
*코튼 코드 소프트 3 : 굵기 약 3.0mm
　1타래 28m / 면 100%

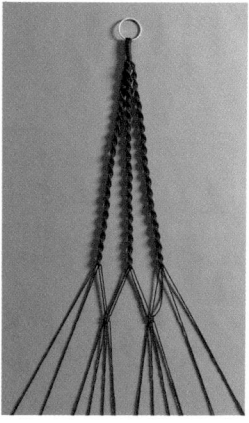

STEP

1. 끈 a와 b 6줄을 한가운데에서 반으로 접어서 링에 건다.
　※ P.20 ⓑ 참조

2. 랩핑매듭용 끈 1줄로 '랩핑매듭' (P.14)을 5cm 길이만큼 한다.

3. 중심끈(a) 2줄, 엮는 끈(b) 2줄씩 4줄 1묶음으로 나눈다
　(3묶음이 생긴다).

4. 그중 1묶음으로 '평돌기매듭'(P.17)을 50cm(약 130번) 한다.

5. 남은 2묶음도 같은 방법으로 ④ 과정을 한다.

6. 12cm 간격을 띄우고 '평매듭' 2번으로 엮는 '칠보매듭' (P.19)
　을 한다. ※ P.22 ⓗ 참조

7. 10cm 간격을 띄우고 '평매듭' 2번으로 엮는 '칠보매듭'을 한다.

8. 랩핑매듭용 끈 1줄로 '랩핑매듭'을 5cm 길이만큼 한다.

9. 남은 끈을 20cm 길이로 고르게 자른다.

10. 끈의 꼬임을 푼다. ※ P.20 ⓐ 참조

※ 그림에서 ~ 부분은 매듭과 치수를 생략했습니다.

№ 06

플랫 행잉

◇◇◇◇◇◇◇◇◇

초록 빛깔이 돋보이도록 아이보리 면 끈을
사용했습니다.

난이도 | ★★
화분 사이즈 | 6~8호
기법 | 랩핑매듭, 평매듭, 칠보매듭
식물 | 립살리스 Rhipsalis capilliformis

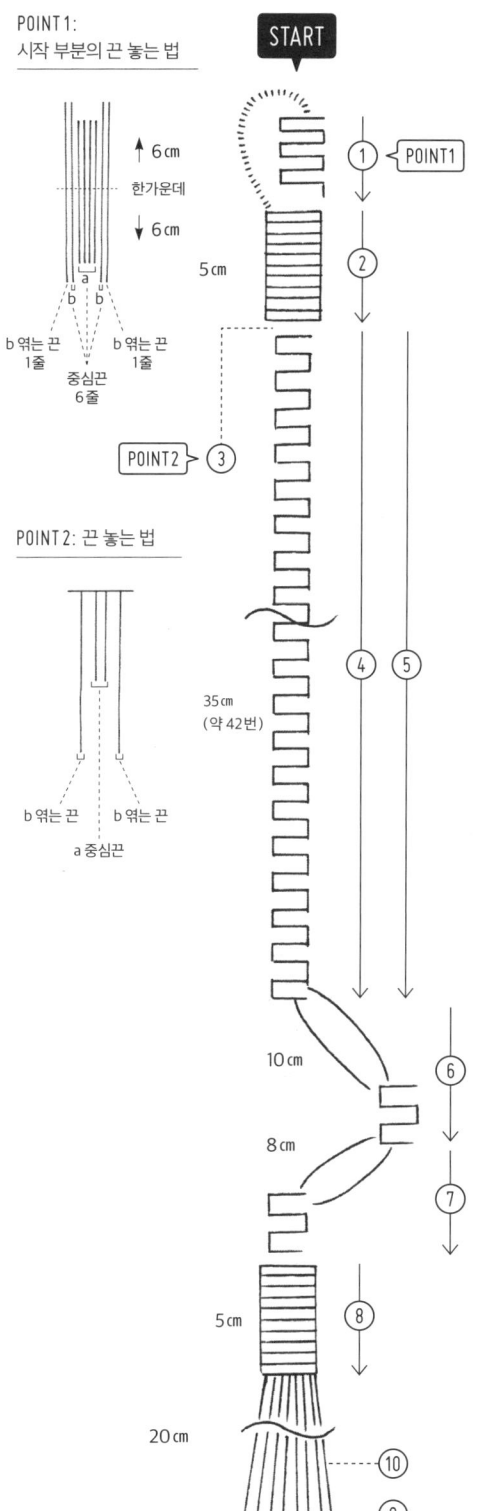

플랫 행잉

제작시간: 180분

고리에서 화분 바닥까지 길이: 약 65cm
재료: 코튼 코드 소프트 3*(아이보리)
　　　260cm×4줄 -a
　　　480cm×4줄 -b
　　　100cm×2줄 - 랩핑매듭용
* 코튼 코드 소프트 3 : 굵기 약 3.0mm
　1타래 28m / 면 100%

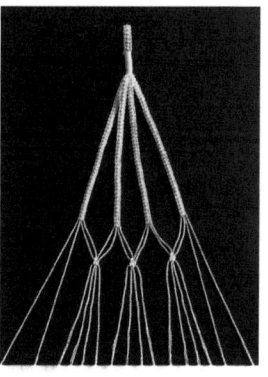

STEP

1. 끈 a와 b 8줄을 한가운데에서 나란히 놓고, 좌우의 끈 b 1줄씩을 엮는 끈으로 삼아서 양 방향을 향해 각각 2줄로 '평매듭' (P.18)을 6cm 길이만큼 한다. ※ P.21 ⓒ 참조

2. ①을 반으로 접어서 랩핑매듭용 끈 1줄로 '랩핑매듭' (P.14)을 5cm 길이만큼 한다.

3. 중심끈(a) 2줄, 엮는 끈(b) 2줄씩 4줄 1묶음으로 나눈다 (4묶음이 생긴다).

4. 그중 1묶음으로 '평매듭'을 35cm(약 42번) 한다.

5. 남은 3묶음도 같은 방법으로 ④ 과정을 한다.

6. 10cm 간격을 띄우고 '평매듭' 2번으로 엮는 '칠보매듭' (P.19)을 한다. ※ P.22 ⓗ 참조

7. 8cm 간격을 띄우고 '평매듭' 2번으로 엮는 '칠보매듭'을 한다.

8. 랩핑매듭용 끈 1줄로 '랩핑매듭'을 5cm 길이만큼 한다.

9. 남은 끈을 20cm 길이로 고르게 자른다.

10. 끈의 꼬임을 푼다. ※ P.20 Ⓐ 참조

※ 그림에서 ~ 부분은 매듭과 치수를 생략했습니다.

№07
플랫 슬림 행잉
◇◇◇◇◇◇◇◇◇

가는 아크릴 끈은 매듭을 엮기도 쉽고
더러워지면 세탁도 가능해요.

난이도 | ★★
화분 사이즈 | 5~6호
기법 | 랩핑매듭, 평매듭, 칠보매듭
식물 | 네오레겔리아 둥시아나 Neoregelia dungsiana

POINT 1:
시작 부분의 끈 놓는 법

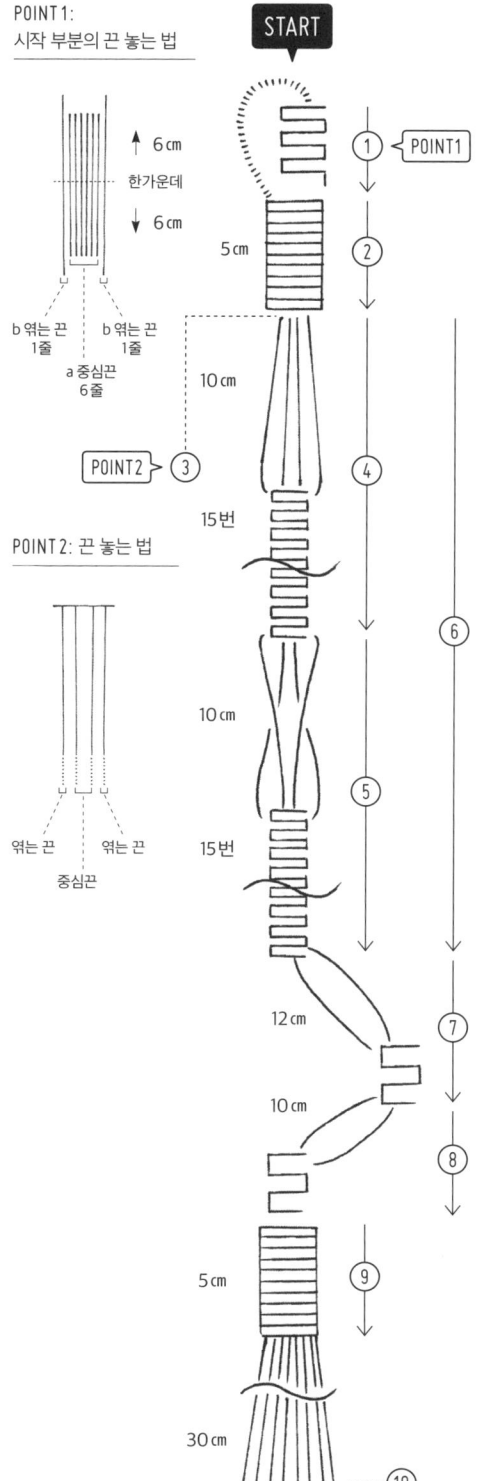

POINT 2: 끈 놓는 법

플랫 슬림 행잉

제작시간 : 150분

고리에서 화분 바닥까지 길이 : 약 75㎝
재료 : 아크릴 코드 4×4*(흰색)
　　　300㎝×6줄 - a
　　　360㎝×2줄 - b
　　　100㎝×2줄 - 랩핑매듭용
* 아크릴 코드 4×4 : 굵기 약 3.0mm
　　1타래 50m / 아크릴 100%

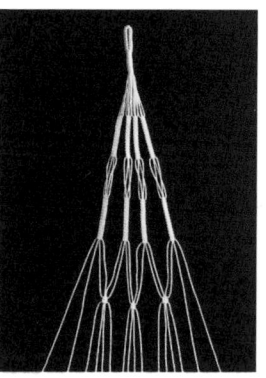

STEP

1. 끈 a와 b 8줄을 한가운데에서 나란히 놓고 양 방향을 향해 각각 '평매듭' (P.18)을 6㎝ 길이만큼 한다. ※ P.21 ⓒ 참조

2. ①을 반으로 접어서 랩핑매듭용 끈 1줄로 '랩핑매듭' (P.14)을 5㎝ 길이만큼 한다.

3. 중심끈 2줄, 엮는 끈 2줄씩 4줄 1묶음으로 나눈다 (4묶음이 생긴다).

4. 그중 1묶음으로 10㎝ 간격을 띄우고 '평매듭'을 15번 한다.

5. 중심끈을 바꾸면서 10㎝ 간격을 띄우고 '평매듭'을 15번 한다. ※ P.23 ① 참조

6. 남은 3묶음도 같은 방법으로 ④~⑤ 과정을 되풀이한다.

7. 12㎝ 간격을 띄우고 '평매듭' 2번으로 엮는 '칠보매듭' (P.19)을 한다. ※ P.22 ⓗ 참조

8. 10㎝ 간격을 띄우고 '평매듭' 2번으로 엮는 '칠보매듭'을 한다.

9. 랩핑매듭용 끈 1줄로 '랩핑매듭'을 5㎝ 길이만큼 한다.

10. 남은 끈을 30㎝ 길이로 고르게 자른다.

※ 그림에서 ~ 부분은 매듭과 치수를 생략했습니다.

№ 08
스위치 스파이럴 행잉

눈에 확 띄는 마젠타 랩핑매듭이 포인트가 됩니다.

난이도 | ★★
화분 사이즈 | 7~9호
기법 | 랩핑매듭, 평돌기매듭, 평매듭, 칠보매듭
식물 | 아스파라거스 스프렌게리 Asparagus densiflorus cv. 'Splengeri'

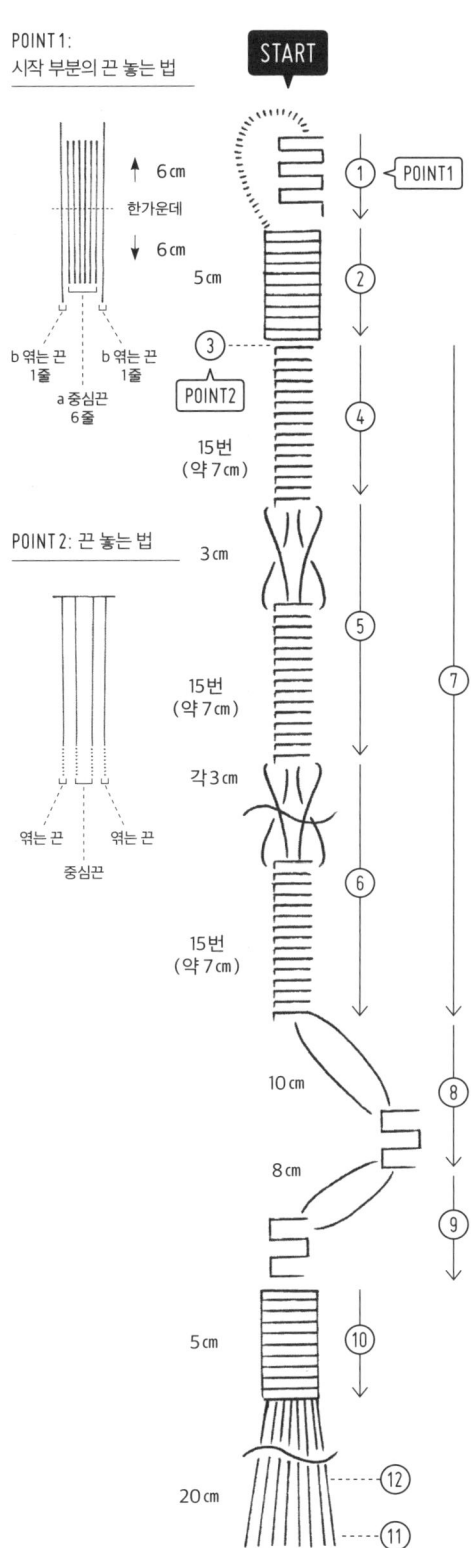

스위치 스파이럴 행잉

제작시간: 180분

고리에서 화분 바닥까지 길이: 약 80㎝
재료: 빅 미자라시 #70*
　　　430㎝×6줄 -a
　　　450㎝×2줄 -b,
　　　아웃도어 코드*(마젠타)
　　　100㎝×2줄 -랩핑매듭용
* 빅 미자라시 #70 : 미자라시란 '미표백'이라는 뜻 / 굵기 약 4.0mm / 길이 약 77m / 면 100%
* 아웃도어 코드 : 굵기 약 3.0mm / 1타래 약 5m / 폴리에스테르 100%

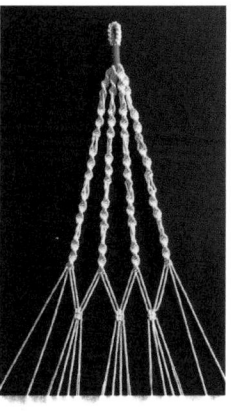

STEP

1. 끈 a와 b 8줄을 한가운데에 나란히 놓고 양 방향을 향해 각각 '평매듭' (P.18)을 6㎝ 길이만큼 한다. ※ P.21 ⓒ 참조

2. ①을 반으로 접어서 랩핑매듭용 끈 1줄로 '랩핑매듭' (P.14)을 5㎝ 길이만큼 한다.

3. 중심끈 2줄, 엮는 끈 2줄씩 4줄 1묶음으로 나눈다 (4묶음이 생긴다).

4. 그중 1묶음으로 '평돌기매듭' (P.17)을 15번 한다.

5. 중심끈을 바꾸면서 3㎝ 간격을 띄우고 '평돌기매듭' 을 15번 한다. ※ P.23 ① 참조

6. ⑤ 과정을 3번 되풀이한다.

7. 남은 3묶음도 같은 방법으로 ④~⑥ 과정을 되풀이한다.

8. 10㎝ 간격을 띄우고 '평매듭' 2번으로 엮는 '칠보매듭' (P.19)을 한다. ※ P.22 ⑭ 참조

9. 8㎝ 간격을 띄우고 '평매듭' 2번으로 엮는 '칠보매듭' 을 한다.

10. 랩핑매듭용 끈 1줄로 '랩핑매듭' 을 5㎝ 길이만큼 한다.

11. 남은 끈을 20㎝ 길이로 고르게 자른다.

12. 끈의 꼬임을 푼다. ※ P.20 ⓐ 참조

※ 그림에서 ~ 부분은 매듭과 치수를 생략했습니다.

№09
플랫 체인지 행잉

내추럴 컬러로 매듭을 넣은 행잉이 싱그러운 초록과 잘 어울립니다.

난이도 | ★★
화분 사이즈 | 6~8호
기법 | 랩핑매듭, 평매듭, 칠보매듭
식물 | 아디안툼 '프래그런티시먼'
　　　Adiantum raddianum 'Fragrantissimun'

플랫 체인지 행잉

제작시간: 180분

고리에서 화분 바닥까지 길이: 약 80㎝
재료: 빅 미자라시 #70*
  430㎝×6줄-a
  450㎝×2줄-b,
  아웃도어 코드*(주황)
  100㎝×2줄-랩핑매듭용

* 빅 미자라시 #70 : 미자라시란 '미표백' 이라는 뜻 / 굵기 #30 약 4.0mm / 길이 약 77m / 면 100%
* 아웃도어 코드 : 굵기 약 3.0mm / 1타래 약 5m / 폴리에스테르 100%

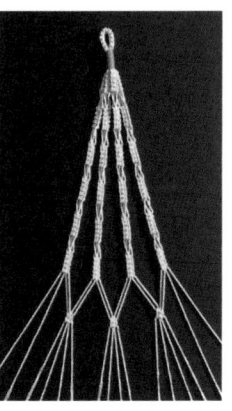

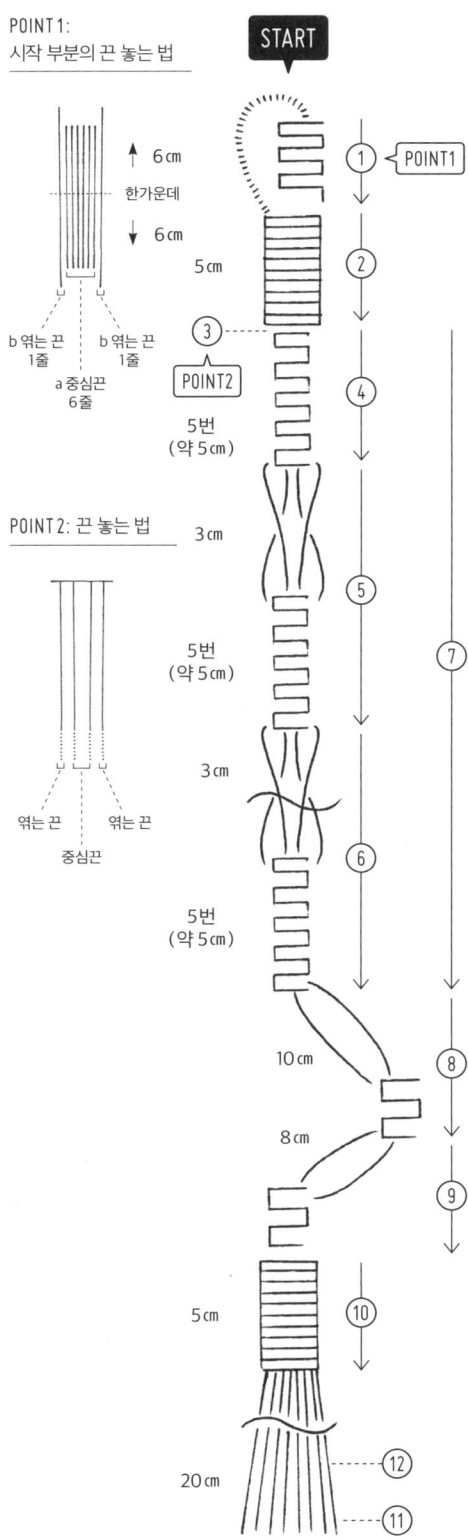

STEP

1. 끈 a와 b 8줄을 한가운데에서 나란히 놓고 양 방향을 향해 각각 '평매듭' (P.18)을 6㎝ 길이만큼 한다. ※ P.21 ⓒ 참조

2. ①을 반으로 접어서 랩핑매듭용 끈 1줄로 '랩핑매듭' (P.14)을 5㎝ 길이만큼 한다.

3. 중심끈 2줄, 엮는 끈 2줄씩 4줄 1묶음으로 나눈다 (4묶음이 생긴다).

4. 그중 1묶음으로 '평매듭'을 5번 한다.

5. 중심끈을 바꾸면서 3㎝ 간격을 띄우고 '평매듭'을 5번 한다. ※ P.23 ① 참조

6. ⑤ 과정을 4번 되풀이한다.

7. 남은 3묶음도 같은 방법으로 ④~⑥ 과정을 되풀이한다.

8. 10㎝ 간격을 띄우고 '평매듭' 2번으로 엮는 '칠보매듭' (P.19)을 한다. ※ P.22 ⓗ 참조

9. 8㎝ 간격을 띄우고 '평매듭' 2번으로 엮는 '칠보매듭'을 한다.

10. 랩핑매듭용 끈 1줄로 '랩핑매듭'을 5㎝ 길이만큼 한다.

11. 남은 끈을 20㎝ 길이로 고르게 자른다.

12. 끈의 꼬임을 푼다. ※ P.20 ⓐ 참조

※ 그림에서 ~ 부분은 매듭과 치수를 생략했습니다.

№ 10
믹스 행잉

평매듭과 평돌기매듭을 섞어서 한층 더 화려하게 장식했어요.

난이도 | ★★
화분 사이즈 | 7~9호
기법 | 랩핑매듭, 평돌기매듭, 평매듭, 칠보매듭
식물 | 에케베리아 풀리도니스 Echeveria pulidonis

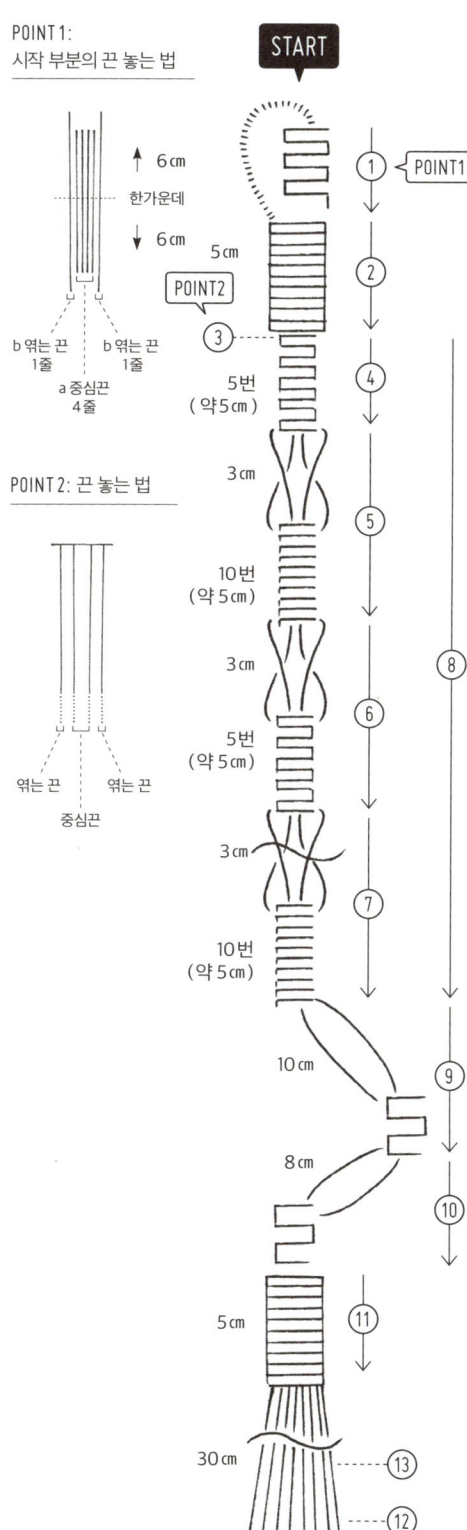

믹스 행잉

제작시간: 200분

고리에서 화분 바닥까지 길이: 약 100㎝
재료: 빅 미자라시 #70★
　　520㎝×4줄 -a
　　550㎝×2줄 -b
　　아웃도어 코드★(파랑)
　　100㎝×2줄 - 랩핑매듭용
★ 빅 미자라시 #70 : 미자라시란 '미표백'이라는 뜻 / 굵기 약 4.0mm / 길이 약 77m / 면 100%
★ 아웃도어 코드 : 굵기 약 3.0mm / 1타래 약 5m / 폴리에스테르 100%

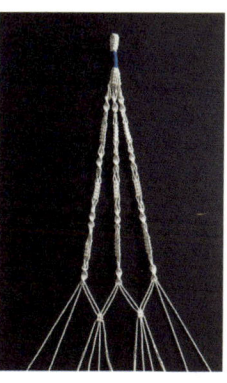

STEP

1. 끈 a와 b 6줄을 한가운데에서 나란히 놓고 양 방향을 향해 각각 '평매듭' (P.18)을 6㎝ 길이만큼 한다. ※ P.21 ⓒ 참조

2. ①을 반으로 접어서 랩핑매듭용 끈 1줄로 '랩핑매듭' (P.14)을 5㎝ 길이만큼 한다.

3. 중심끈 2줄, 엮는 끈 2줄씩 4줄 1묶음으로 나눈다 (3묶음이 생긴다).

4. 그중 1묶음으로 '평매듭'을 5번 한다.

5. 중심끈을 바꾸면서 3㎝ 간격을 띄우고 '평돌기매듭' (P.17)을 10번 한다. ※ P.23 ① 참조

6. 중심끈을 바꾸면서 3㎝ 간격을 띄우고 '평매듭'을 5번 한다.

7. ⑤~⑥ 과정을 2번 되풀이한다. 이어서 ⑤를 1번 되풀이한다.

8. 남은 2묶음도 같은 방법으로 ④~⑦ 과정을 되풀이한다.

9. 10㎝ 간격을 띄우고 '평매듭' 2번으로 엮는 '칠보매듭' (P.19)을 한다. ※ P.22 ⓗ 참조

10. 8㎝ 간격을 띄우고 '평매듭' 2번으로 엮는 '칠보매듭'을 한다.

11. 랩핑매듭용 끈 1줄로 '랩핑매듭'을 5㎝ 길이만큼 한다.

12. 남은 끈을 30㎝ 길이로 고르게 자른다.

13. 끈의 꼬임을 푼다. ※ P.20 ⓐ 참조

※ 그림에서 ~ 부분은 매듭과 치수를 생략했습니다.

№ 11

스파이럴 미니 행잉

∞∞∞∞∞∞

좁은 공간에 걸기 좋은 조그마한 행잉입니다

난이도 | ★★
화분 사이즈 | 3~5호
기법 | 래핑매듭, 평동기매듭, 평매듭, 칠보매듭
식물 | 하워르티아 토르투오사 Haworthia tortuosa

POINT 1:
시작 부분의 끈 놓는 법

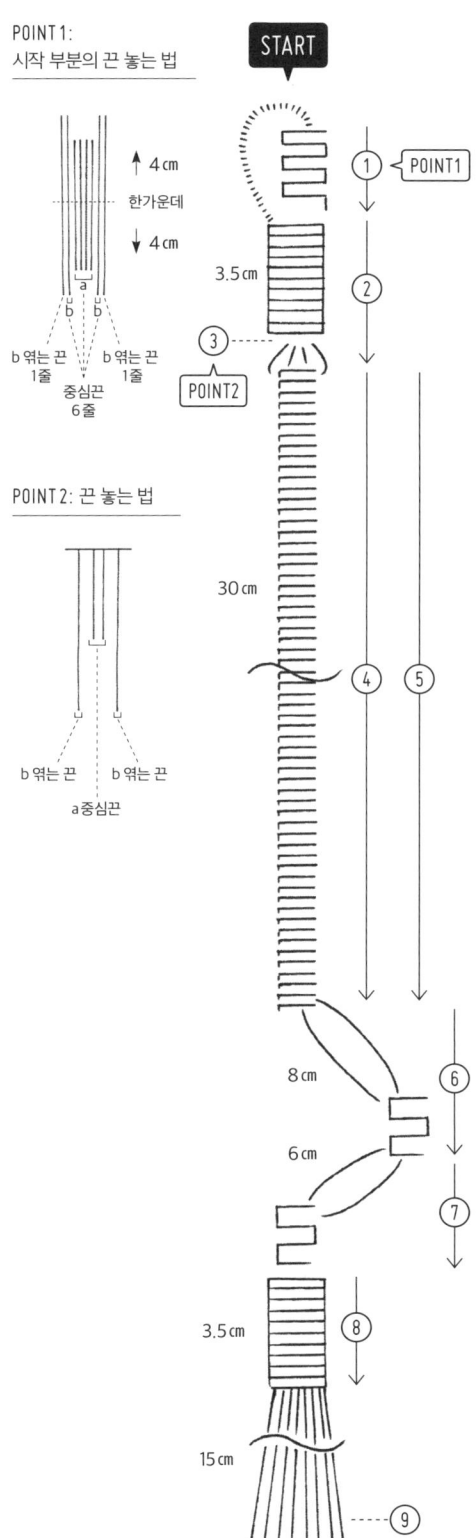

스파이럴 미니 행잉

제작시간 : 180분

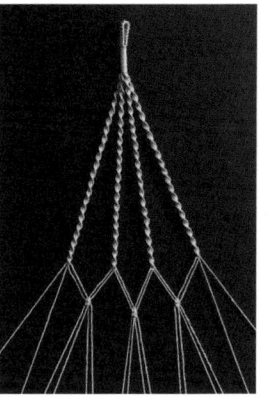

고리에서 화분 바닥까지 길이: 약 53㎝
재료 : 헴프 트와인 중 타입*(퓨어)
　　　180㎝×4줄 -a
　　　400㎝×4줄 -b
　　　70㎝×2줄 - 랩핑매듭용
＊헴프 트와인 중 타입: 굵기 약 1.8㎜
／1타래 10m／헴프(대마) 100%

STEP

1. 끈 a와 b 8줄을 한가운데에서 나란히 놓고, 좌우의 끈 b 1줄씩을 엮는 끈으로 하여 양 방향을 향해 각각 '평매듭' (P.18)을 4㎝ 길이만큼 한다. ※ P.21 ⓒ 참조

2. ①을 반으로 접어서 랩핑매듭용 끈 1줄로 '랩핑매듭' (P.14)을 3.5㎝ 길이만큼 한다.

3. 중심끈(a) 2줄, 엮는 끈(b) 2줄씩 4줄 1묶음으로 나눈다 (4묶음이 생긴다).

4. 그중 1묶음으로 '평돌기매듭' (P.17)을 30㎝ 길이만큼 한다.

5. 남은 3묶음도 같은 방법으로 ④ 과정을 한다.

6. 8㎝ 간격을 띄우고 '평매듭' 2번으로 엮는 '칠보매듭' (P.19)을 한다. ※ P.22 ⓗ 참조

7. 6㎝ 간격을 띄우고 '평매듭' 2번으로 엮는 '칠보매듭'을 한다.

8. 랩핑매듭용 끈 1줄로 '랩핑매듭'을 3.5㎝ 길이만큼 한다.

9. 남은 끈을 15㎝ 길이로 고르게 자른다.

※ 그림에서 ~ 부분은 매듭과 치수를 생략했습니다.

№ 12

플랫 미니 행잉

∞∞∞∞

평매듭이 만들어내는 탄탄한 선이 멋지죠!

난이도 | ★★
화분 사이즈 | 3~5호
기법 | 래핑매듭, 평매듭, 칠보매듭
식물 | 쥐꼬리선인장 Disocactus flagelliformis

POINT 1:
시작 부분의 끈 놓는 법

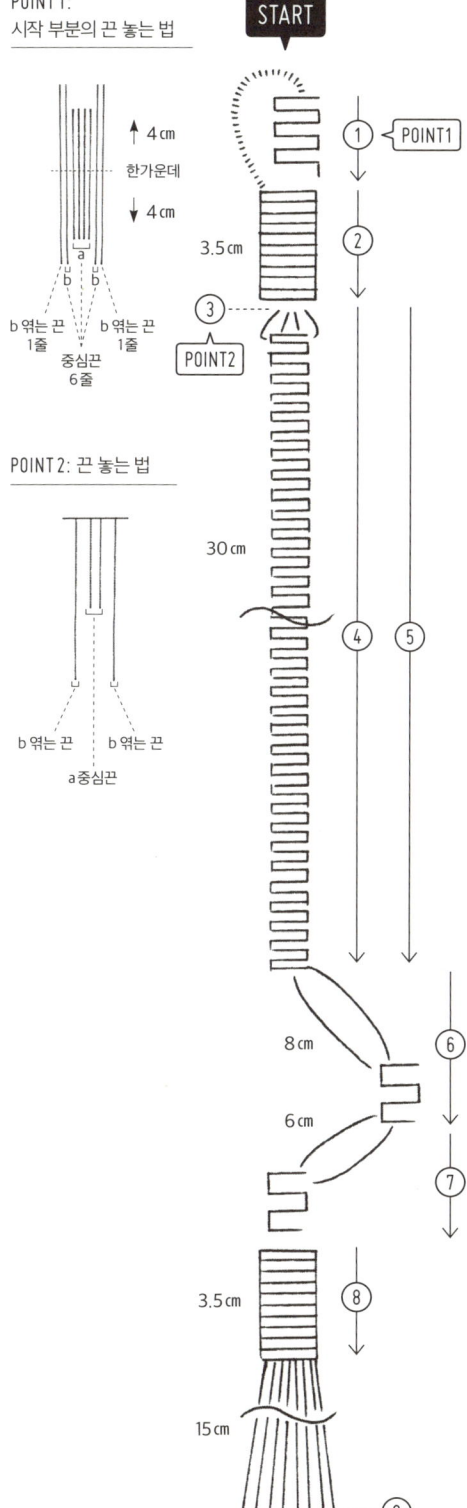

POINT 2: 끈 놓는 법

※ 그림에서 ~ 부분은 매듭과 치수를 생략했습니다.

플랫 미니 행잉

제작시간: 180분

고리에서 화분 바닥까지 길이: 약 53㎝
재료: 헴프 트와인 중 타입★ (퓨어)
　　180㎝×4줄 -a
　　400㎝×4줄 -b
　　70㎝×2줄 - 랩핑매듭용

★ 헴프 트와인 중 타입 : 굵기 약 1.8mm / 1타래 10m / 헴프(대마) 100%

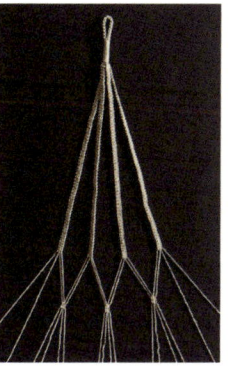

STEP

1. 끈 a와 b 8줄을 한가운데에서 나란히 놓고, 좌우의 끈 b 1줄씩을 엮는 끈으로 하여 양 방향을 향해 각각 '평매듭' (P. 18)을 4㎝ 길이만큼 한다. ※ P.21 ⓒ 참조

2. ①을 반으로 접어서 랩핑매듭용 끈 1줄로 '랩핑매듭' (P.14)을 3.5㎝ 길이만큼 한다.

3. 중심끈(a) 2줄, 엮는 끈(b) 2줄씩 4줄 1묶음으로 나눈다 (4묶음이 생긴다).

4. 그중 1묶음으로 '평매듭'을 30㎝ 길이만큼 한다.

5. 남은 3묶음도 같은 방법으로 ④ 과정을 한다.

6. 8㎝ 간격을 띄우고 '평매듭' 2번으로 엮는 '칠보매듭' (P. 19)을 한다. ※ P.22 ⓗ 참조

7. 6㎝ 간격을 띄우고 '평매듭' 2번으로 엮는 '칠보매듭' 을 한다.

8. 랩핑매듭용 끈 1줄로 '랩핑매듭' 을 3.5㎝ 길이만큼 한다.

9. 남은 끈을 15㎝ 길이로 고르게 자른다.

№ 13

스위칭 미니 행잉

햄프 끈의 질감과 비치는 느낌으로
자연스러운 분위기를 연출했어요.

난이도 | ★★
화분 사이즈 | 3~5호
기법 | 감싸매듭, 평매듭, 칠보매듭
식물 | 박쥐란 Platycerium bifurcatum

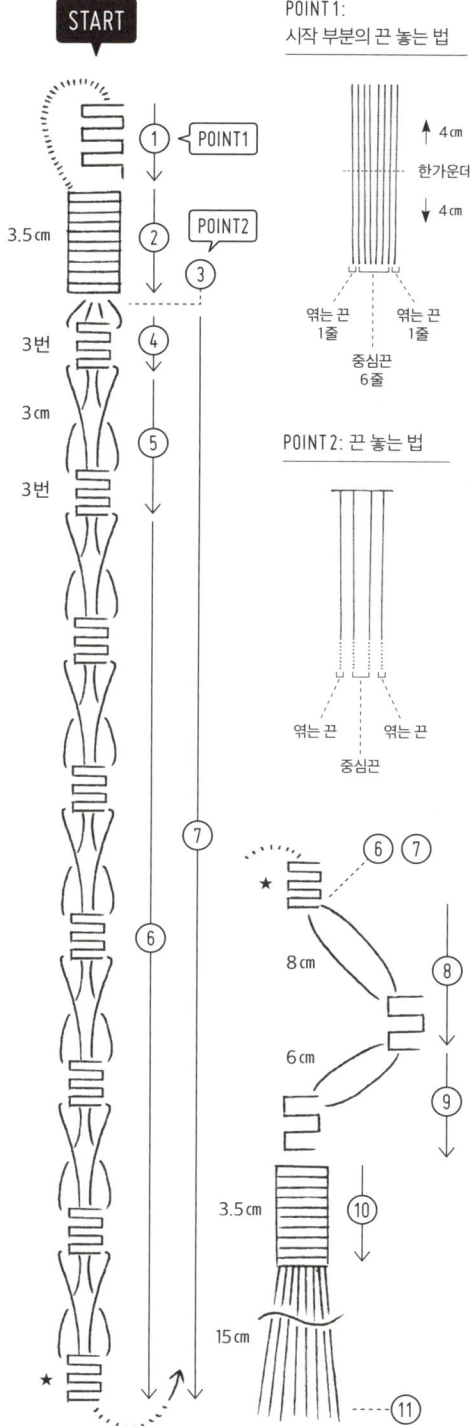

스위칭 미니 행잉

제작시간: 150분

고리에서 화분 바닥까지 길이: 약 53㎝
재료: 헴프 트와인 중 타입*(퓨어)
　　　300㎝×8줄
　　　70㎝×2줄-랩핑매듭용

★ 헴프 트와인 중 타입 : 굵기 약 1.8mm / 1타래 10m / 헴프(대마) 100%

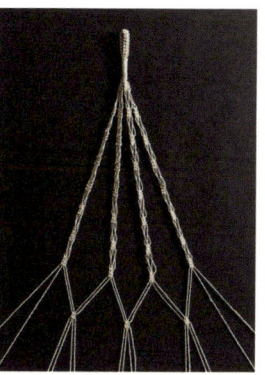

STEP

1. 끈 8줄을 한가운데에서 나란히 놓고 양 방향을 향해 각각 '평매듭'(P.18)을 4㎝ 길이만큼 한다. ※ P.21 ⓒ 참조

2. ①을 반으로 접어서 랩핑매듭용 끈 1줄로 '랩핑매듭'(P.14)을 3.5㎝ 길이만큼 한다.

3. 중심끈 2줄, 엮는 끈 2줄씩 4줄 1묶음으로 나눈다 (4묶음이 생긴다).

4. 그중 1묶음으로 '평매듭'을 3번 한다.

5. 중심끈을 바꾸면서 3㎝ 간격을 띄우고 '평매듭'을 3번 한다. ※ P.23 ① 참조

6. ⑤ 과정을 6번 되풀이한다.

7. 남은 3묶음도 같은 방법으로 ④~⑥ 과정을 한다.

8. 8㎝ 간격을 띄우고 '평매듭' 2번으로 엮는 '칠보매듭'(P.19)을 한다. ※ P.22 ⓗ 참조

9. 6㎝ 간격을 띄우고 '평매듭' 2번으로 엮는 '칠보매듭'을 한다.

10. 랩핑매듭용 끈 1줄로 '랩핑매듭'을 3.5㎝ 길이만큼 한다.

11. 남은 끈을 15㎝ 길이로 고르게 자른다.

※ 그림에서 ★ 표시 부분은 중복된 부분입니다.

№ 14
믹스 미니 행잉

'평돌기매듭'과 '평매듭'을 조합하여
입체감을 연출했어요.

난이도 | ★★
화분 사이즈 | 3~5호
기법 | 랩핑매듭, 평돌기매듭, 평매듭, 칠보매듭
식물 | 네프로레피스 테디 주니어 Nephrolepis exaltata 'Teddy Junior'

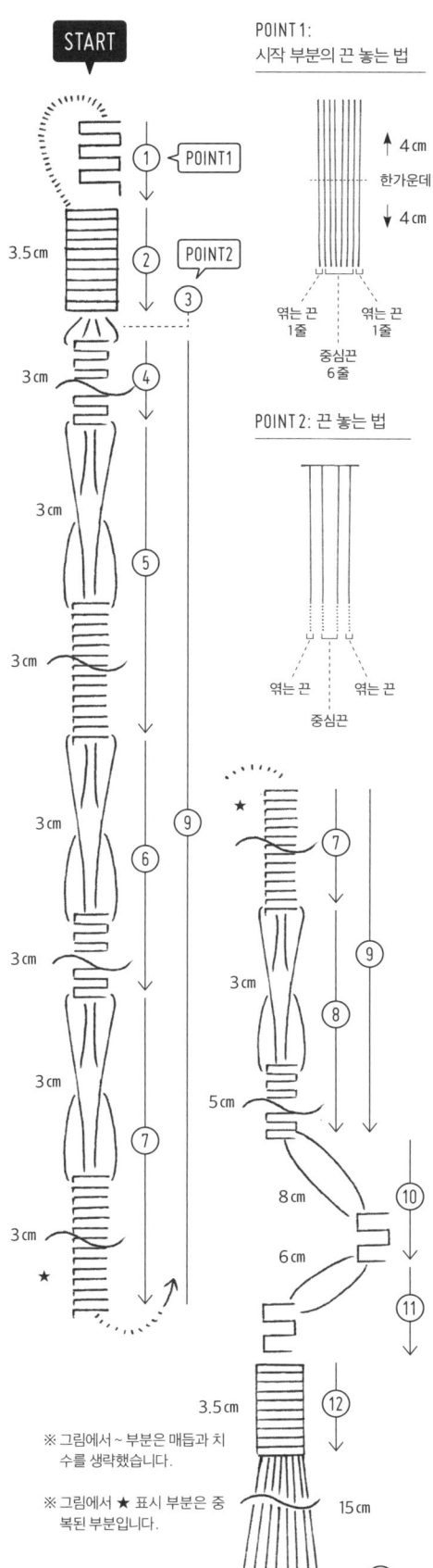

믹스 미니 행잉

제작시간: 150분

고리에서 화분 바닥까지 길이: 약 53cm
재료: 헴프 트와인 중 타입*(퓨어)
　　　 350cm×8줄
　　　 70cm×2줄 - 랩핑매듭용
* 헴프 트와인 중 타입: 굵기 약 1.8mm /
　1타래 10m / 헴프(대마) 100%

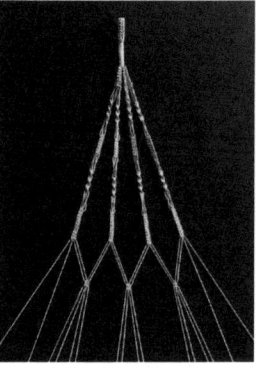

STEP

1. 끈 8줄을 한가운데에서 나란히 놓고 양 방향을 향해 각각 '평매듭' (P.18)을 4cm 길이만큼 한다. ※ P.21 ⓒ 참조

2. ①을 반으로 접어서 랩핑매듭용 끈 1줄로 '랩핑매듭' (P.14)을 3.5cm 길이만큼 한다.

3. 중심끈 2줄, 엮는 끈 2줄씩 4줄 1묶음으로 나눈다 (4묶음이 생긴다).

4. 그중 1묶음으로 '평매듭'을 3cm 길이만큼 한다.

5. 중심끈을 바꾸면서 3cm 간격을 띄우고 '평돌기매듭' (P.17)을 3cm 길이만큼 한다. ※ P.23 ① 참조

6. 중심끈을 바꾸면서 3cm 간격을 띄우고 '평매듭'을 3cm 길이만큼 한다.

7. 중심끈을 바꾸면서 3cm 간격을 띄우고 '평돌기매듭'을 3cm 길이만큼 한다.

8. 중심끈을 바꾸면서 3cm 간격을 띄우고 '평매듭'을 5cm 길이만큼 한다.

9. 남은 3묶음도 같은 방법으로 ④~⑧ 과정을 한다.

10. 8cm 간격을 띄우고 '평매듭' 2번으로 엮는 '칠보매듭' (P.19)을 한다. ※ P.22 ⓗ 참조

11. 6cm 간격을 띄우고 '평매듭' 2번으로 엮는 '칠보매듭'을 한다.

12. 랩핑매듭용 끈 1줄로 '랩핑매듭'을 3.5cm 길이만큼 한다.

13. 남은 끈을 15cm 길이로 고르게 자른다.

№ 15

올리브 스파이럴 행잉

모시 소재를 살려서 까슬까슬한 촉감의 행잉을
올리브 그린 컬러로 만들었어요.

난이도 | ★★★
화분 사이즈 | 3~5호
기법 | 래핑매듭, 평돌기매듭, 평매듭, 칠보매듭
식물 | 아디안툼 '프리츠 루스' Adiantum raddianum 'Fritz Luth'

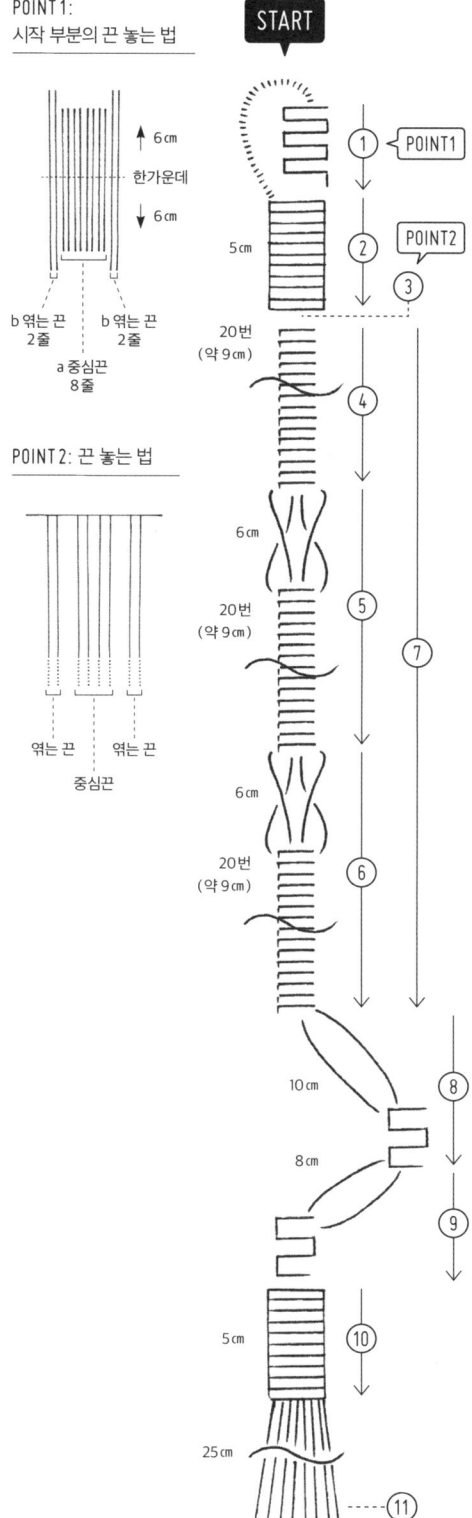

POINT 1: 시작 부분의 끈 놓는 법
- 6cm
- 한가운데
- 6cm
- b 엮는 끈 2줄
- a 중심끈 8줄
- b 엮는 끈 2줄

POINT 2: 끈 놓는 법
- 엮는 끈
- 중심끈
- 엮는 끈

START
① POINT1
5cm
② POINT2
③
20번 (약 9cm)
④
6cm
20번 (약 9cm)
⑤
6cm
20번 (약 9cm)
⑥
⑦
10cm
8cm
⑧
⑨
5cm
⑩
25cm
⑪

※ 그림에서 ~ 부분은 매듭과 치수를 생략했습니다.

올리브 스파이럴 행잉

제작시간 : 200분

고리에서 화분 바닥까지 길이 : 약 90cm
재료 : 주트 라미*(올리브그린)
  550cm × 8줄 -a
  600cm × 4줄 -b
  100 × 2줄 -랩핑매듭용
*주트 라미 : 굵기 약 2.0mm / 실패 1개 약 65m / 주트(황마) 50%, 라미(모시) 50%

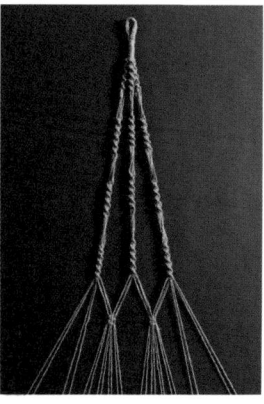

STEP

1. 끈 a와 b 12줄을 한가운데에서 나란히 놓고 양 방향을 향해 좌우 2줄씩으로 '평매듭'(P.18)을 6cm 길이만큼 한다. ※ P.21 ⓒ 참조

2. ①을 반으로 접어서 랩핑매듭용 끈 1줄로 '랩핑매듭'(P.14)을 5cm 길이만큼 한다.

3. 이후로는 랩핑매듭 이외에는 2겹으로 엮기 때문에 중심끈 4줄, 엮는 끈 좌우 2줄씩 8줄 1묶음으로 나눈다 (3묶음이 생긴다).

4. 그중 1묶음으로 '평돌기매듭'(P.17)을 20번 한다.

5. 중심끈을 바꾸면서 6cm 간격을 띄우고 '평돌기매듭'을 20번 한다. ※ P.23 ① 참조

6. ⑤ 과정을 2번 되풀이한다.

7. 남은 2묶음도 같은 방법으로 ④~⑥ 과정을 한다.

8. 10cm 간격을 띄우고 '평매듭' 2번으로 엮는 '칠보매듭'(P.19)을 한다. ※ P.22 ⓗ 참조

9. 8cm 간격을 띄우고 '평매듭' 2번으로 엮는 '칠보매듭'을 한다.

10. 랩핑매듭용 끈 1줄로 '랩핑매듭'을 5cm 길이만큼 한다.

11. 남은 끈을 25cm 길이로 고르게 자른다.

№ 16

그린 믹스 행잉

◇◇◇◇◇◇◇◇◇

길고 튼튼한 행잉이라
키가 큰 식물도 문제없이 매달아 놓을 수 있어요.

난이도 | ★★★
화분 사이즈 | 7~9호
기법 | 랩핑매듭, 평돌기매듭, 평매듭, 칠보매듭
식물 | 홍콩야자 '레나타' Schefflera arboricola 'Renata'

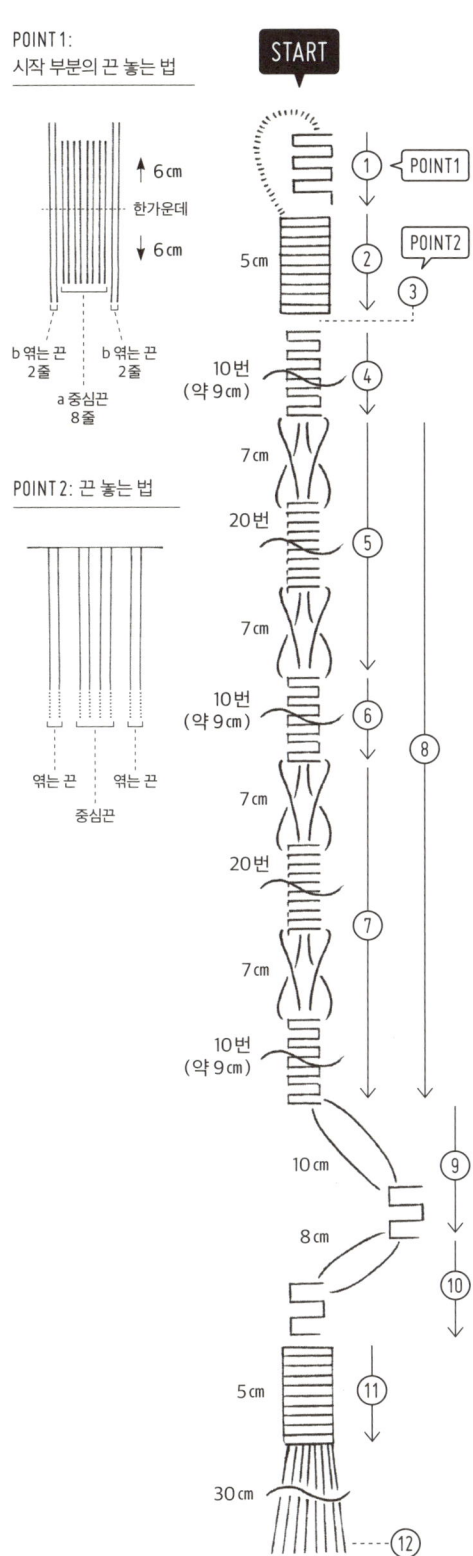

그린 믹스 행잉

제작시간: 200분

고리에서 화분 바닥까지 길이: 약 105㎝

재료: 주트 라미*(황록색)
  600㎝×8줄 -a
  650㎝×4줄 -b
  100㎝×2줄 - 랩핑매듭용

*주트 라미: 굵기 약 2.0mm / 실패 1개 약 65m / 주트(황마) 50%, 라미(모시) 50%

STEP

1. 끈 a와 b 12줄을 한가운데에서 나란히 놓고 양 방향을 향해 각각 좌우 2줄씩으로 '평매듭'(P. 18)을 6㎝ 길이만큼 한다. ※P.21 ⓒ 참조

2. ①을 반으로 접어서 랩핑매듭용 끈 1줄로 '랩핑매듭'(P.14)을 5㎝ 길이만큼 한다.

3. 이후로는 랩핑매듭 이외에는 2겹으로 엮기 때문에 중심끈 4줄, 엮는 끈 좌우 2줄씩 8줄 1묶음으로 나눈다(3묶음이 생긴다).

4. 그중 1묶음으로 '평매듭'을 10번 한다.

5. 중심끈을 바꾸면서 7㎝ 간격을 띄우고 '평돌기매듭'(P.17)을 20번 한다. ※P.23 ① 참조

6. 중심끈을 바꾸면서 7㎝ 간격을 띄우고 '평매듭'을 10번 한다.

7. ⑤~⑥ 과정을 1번 더 한다.

8. 남은 2묶음도 같은 방법으로 ④~⑦ 과정을 한다.

9. 10㎝ 간격을 띄우고 '평매듭' 2번으로 엮는 '칠보매듭'(P.19)을 한다. ※P.22 ⓗ 참조

10. 8㎝ 간격을 띄우고 '평매듭' 2번으로 엮는 '칠보매듭'을 한다.

11. 랩핑매듭용 끈 1줄로 '랩핑매듭'을 5㎝ 길이만큼 한다.

12. 남은 끈을 30㎝ 길이로 고르게 자른다.

※ 그림에서 ~ 부분은 매듭과 치수를 생략했습니다.

№ 17
스파이럴 & 네 줄 접기 행잉

만듦새가 튼튼해서 어떤 식물이라도
안정감 있게 행잉할 수 있어요.

난이도 | ★★★★
화분 사이즈 | 6~8호
기법 | 랩핑매듭, 평돌기매듭, 네 줄 접기, 칠보매듭
식물 | 호야 레투사 Hoya retusa

스파이럴 & 네 줄 접기 행잉

제작시간: 240분

고리에서 화분 바닥까지 길이: 약 85cm
재료: 주트 코드 가는 타입*(흰색)
　　500cm×4줄 - a
　　680cm×4줄 - b
　　100cm×2줄 - 랩핑매듭용
　　메탈 링 안지름 5cm 1개
* 주트 코드 가는 타입 : 굵기 약 3.0mm / 1타래 50m / 주트(황마) 100%

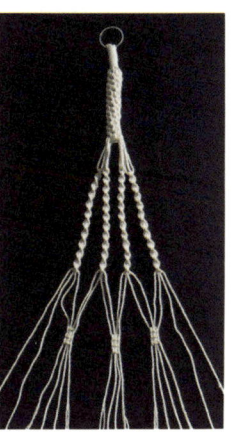

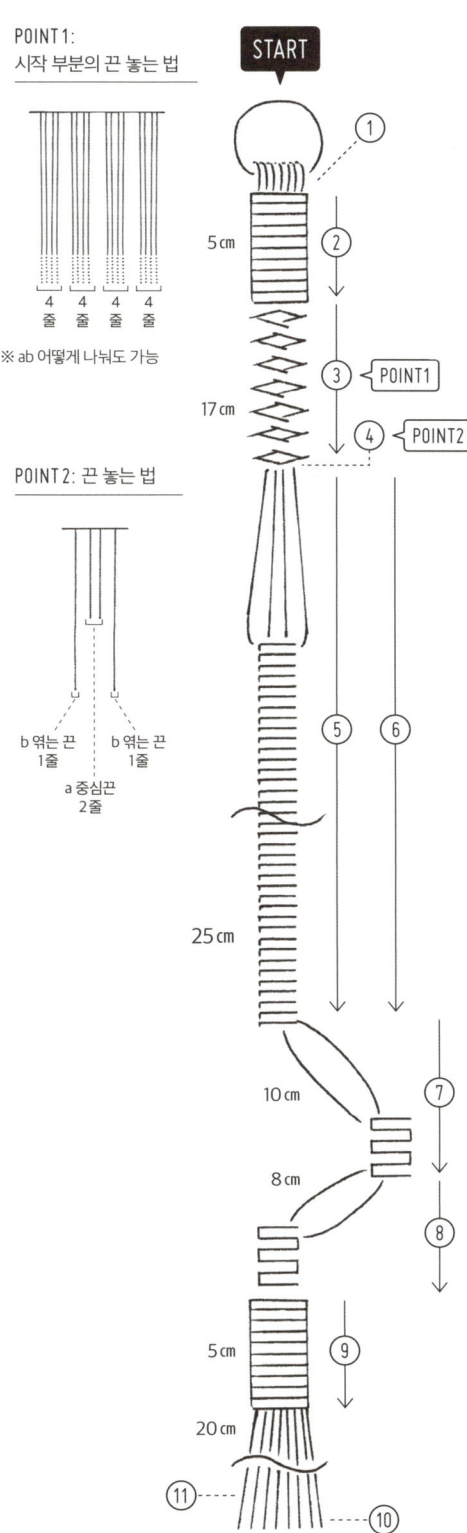

※ 그림에서 ~ 부분은 매듭과 치수를 생략했습니다.

STEP

1. 끈 a와 b 8줄을 한가운데에서 반으로 접어서 링에 건다.
　※ P.20 ⓑ 참조

2. 랩핑매듭용 끈 1줄로 '랩핑매듭'(P.14)을 5cm 길이만큼 한다.

3. 끈을 4겹으로 하여 '네 줄 접기'(P.18)를 17cm 길이만큼 한다.

4. 중심끈(a) 2줄, 엮는 끈(b) 2줄씩 4줄 1묶음으로 나눈다 (4묶음이 생긴다).

5. 그중 1묶음으로 5cm 간격을 띄우고 '평돌기매듭'(P.17)을 25cm 길이만큼 한다.

6. 남은 3묶음도 같은 방법으로 ⑤ 과정을 한다.

7. 10cm 간격을 띄우고 '평매듭' 3번으로 엮는 '칠보매듭'(P.19)을 한다. ※ P.22 ⓗ 참조

8. 8cm 간격을 띄우고 '평매듭' 3번으로 엮는 '칠보매듭'을 한다.

9. 랩핑매듭용 끈 1줄로 '랩핑매듭'을 5cm 길이만큼 한다.

10. 남은 끈을 20cm 길이로 고르게 자른다.

11. 끈의 꼬임을 푼다. ※ P.20 ⓐ 참조

№ 18
플랫 & 네 줄 접기 행잉

원기둥 모양 밧줄처럼 생긴 매듭을
포인트로 연출했어요.

난이도 | ★★★★
화분 사이즈 | 7~9호
기법 | 랩핑매듭, 평매듭, 네 줄 접기, 칠보매듭
식물 | 산세베리아 마소니아나 Sansevieria masoniana

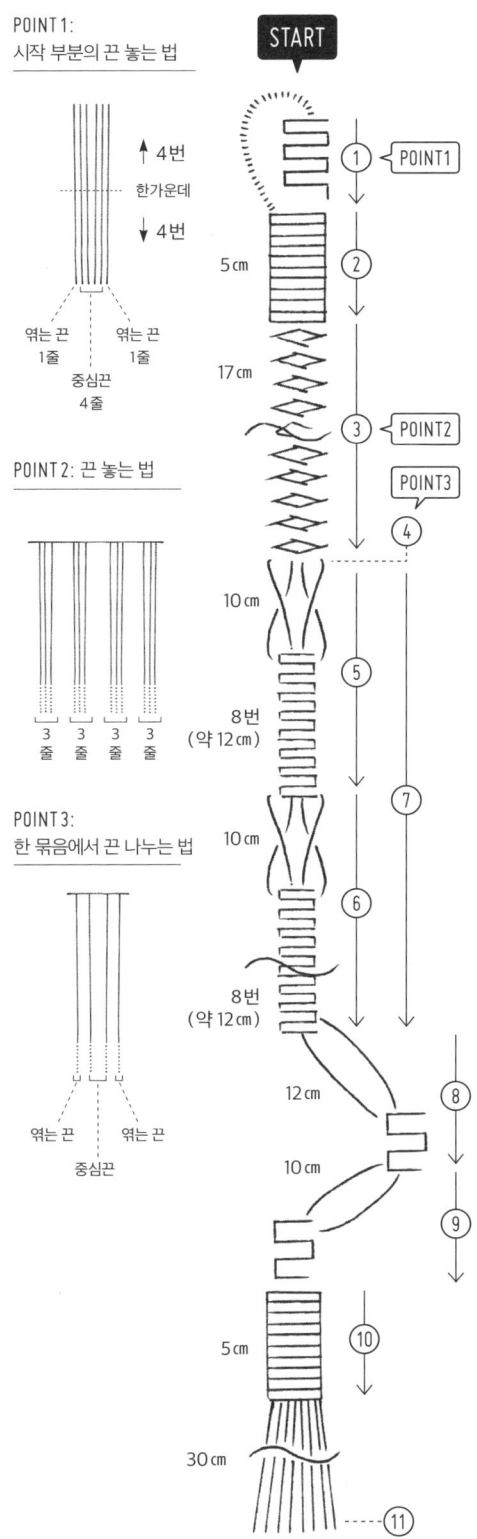

플랫 & 네 줄 접기 행잉

제작시간 : 240분

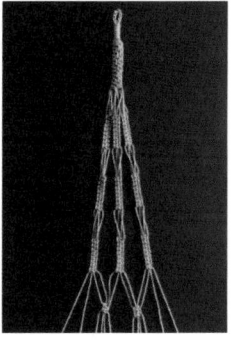

고리에서 화분 바닥까지 길이: 약 115 cm
재료: 주트 코드 굵은 타입* (아이보리)
　　　750 cm × 6줄
　　　100 cm × 2줄 - 랩핑매듭용
* 주트 코드 굵은 타입: 굵기 약 4.0mm
　1타래 30m / 주트(황마) 100%

STEP

1. 끈 6줄을 한가운데에서 나란히 놓고 양 방향을 향해 각각 '평매듭' (P.18)을 4번 한다. ※ P.21 ⓒ 참조

2. ①을 반으로 접어서 랩핑매듭용 끈 1줄로 '랩핑매듭' (P.14)을 5 cm 길이만큼 한다.

3. 끈을 3겹으로 하여 '네 줄 접기' (P.18)를 17 cm 길이만큼 한다.

4. 중심끈 2줄, 엮는 끈 2줄씩 4줄 1묶음으로 나눈다 (3묶음이 생긴다).

5. 그중 1묶음으로 중심끈을 바꾸면서 10 cm 간격을 띄우고 '평매듭' 을 8번 한다. ※ P.23 ① 참조

6. ⑤ 과정을 2번 되풀이한다.

7. 남은 2묶음도 같은 방법으로 ⑤~⑥ 과정을 한다.

8. 12 cm 간격을 띄우고 '평매듭' 2번으로 엮는 '칠보매듭' (P.19)을 한다. ※ P.22 ⓗ 참조

9. 10 cm 간격을 띄우고 '평매듭' 2번으로 엮는 '칠보매듭'을 한다.

10. 랩핑매듭용 끈 1줄로 '랩핑매듭' 을 5 cm 길이만큼 한다.

11. 남은 끈을 30 cm 길이로 고르게 자른다.

※ 그림에서 ~ 부분은 매듭과 치수를 생략했습니다.

№19
플랫 와이드 행잉

흰색 면 끈으로 만드는 '칠보매듭'의 우아함이
돋보이는 행잉입니다.

난이도 | ★★★★
화분 사이즈 | 6~8호
기법 | 랩핑매듭, 평매듭, 칠보매듭
식물 | 빌베르기아 스트로베리 Bilbergia 'Strawberry'

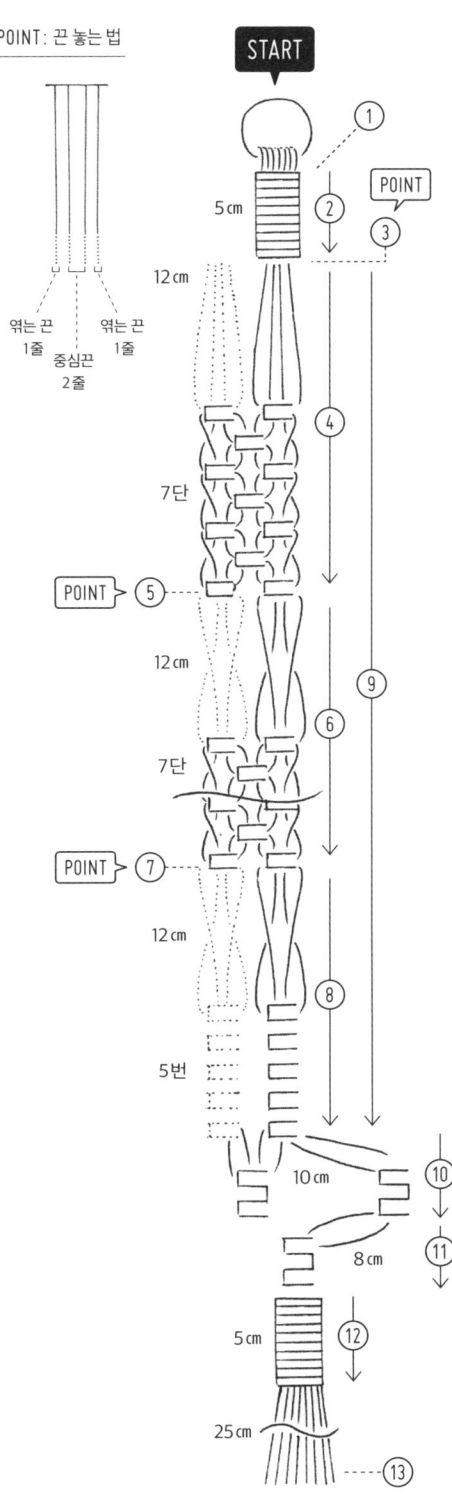

플랫 와이드

제작시간: 200분

고리에서 화분 바닥까지 길이: 약 80㎝
재료: 코튼 코드 소프트 3 *(흰색)
　　　350㎝×12줄
　　　120㎝×2줄 - 랩핑매듭용
　　　메탈 링 안지름 5㎝ 1개
　*코튼 코드 소프트 3 : 굵기 약 3.0mm
　　/ 1타래 28m / 면 100%

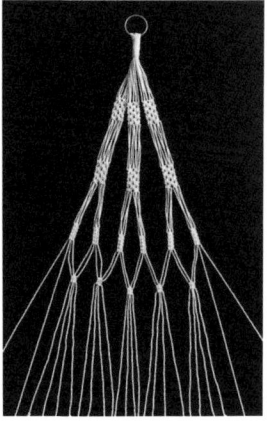

STEP

1. 끈 12줄을 한가운데에서 반으로 접어서 링에 건다. ※ P. 20 ⓑ 참조

2. 랩핑매듭용 끈 1줄로 '랩핑매듭' (P.14)을 5㎝ 길이만큼 한다.

3. 중심끈 2줄, 엮는 끈 2줄씩 4줄 1묶음으로 나눈다 (6묶음이 생긴다).

4. 그중 2묶음으로 12㎝ 간격을 띄우고 '평매듭' 1번으로 엮는 '칠보매듭'을 7단 한다. 이때 양 끝 2줄은 중심끈을 바꾸면서 엮는다. ※P.23 ⓙ 참조

5. 다시 중심끈 2줄, 엮는 끈 2줄씩 4줄 1묶음으로 나눈다 (2묶음이 생긴다).

6. 중심끈을 바꾸면서 12㎝ 간격을 띄우고 '평매듭' 1번으로 엮는 '칠보매듭'을 7단 한다. 이때 양 끝 2줄은 중심끈을 바꾸면서 엮는다.

7. 다시 중심끈 2줄, 엮는 끈 2줄씩 4줄 1묶음으로 나눈다 (2묶음이 생긴다).

8. 그중 1묶음으로 중심끈을 바꾸면서 12㎝ 간격을 띄우고 '평매듭'을 5번 한다. 다른 1묶음도 같은 방법으로 엮는다.

9. 남은 4묶음도 같은 방법으로 ④~⑧ 과정을 한다.

10. 10㎝ 간격을 띄우고 '평매듭' 2번으로 엮는 '칠보매듭' (P. 19)을 한다. ※ P.22 ⓗ 참조

11. 8㎝ 간격을 띄우고 '평매듭' 2번으로 엮는 '칠보매듭'을 한다.

12. 랩핑매듭용 끈 1줄로 '랩핑매듭'을 5㎝ 길이만큼 한다.

13. 남은 끈을 25㎝ 길이로 고르게 자른다.

※ 그림에서 ~ 부분은 매듭과 치수를 생략했습니다.

№ 20

하우스 행잉

◇◇◇◇◇◇◇◇

집 모양 장식을 넣어 안정되고 탄탄해 보이는 행잉입니다.

난이도 | ★★★★
화분 사이즈 | 7~9호
기법 | 랩핑매듭, 평돌기매듭, 평매듭, 칠보매듭, 감아엮기
식물 | 하티올라 살리코르니오이데스
　　　　Hatiola salicornioides

하우스 행잉

제작시간: 240분

고리에서 화분 바닥까지 길이: 약 80cm
재료: 빅 미자라시 #40*
　　　460cm × 4줄 - a
　　　380cm × 2줄 - b
　　　330cm × 2줄 - c
　　　100cm × 2줄 - 랩핑매듭용
　　　메탈 링 안지름 3cm 2개
* 빅 미자라시 #40 : 미자라시란 '미표백'이라는 뜻 / 굵기 약 3.0mm / 길이 약 78m / 면 100%

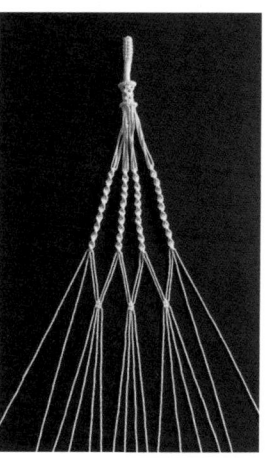

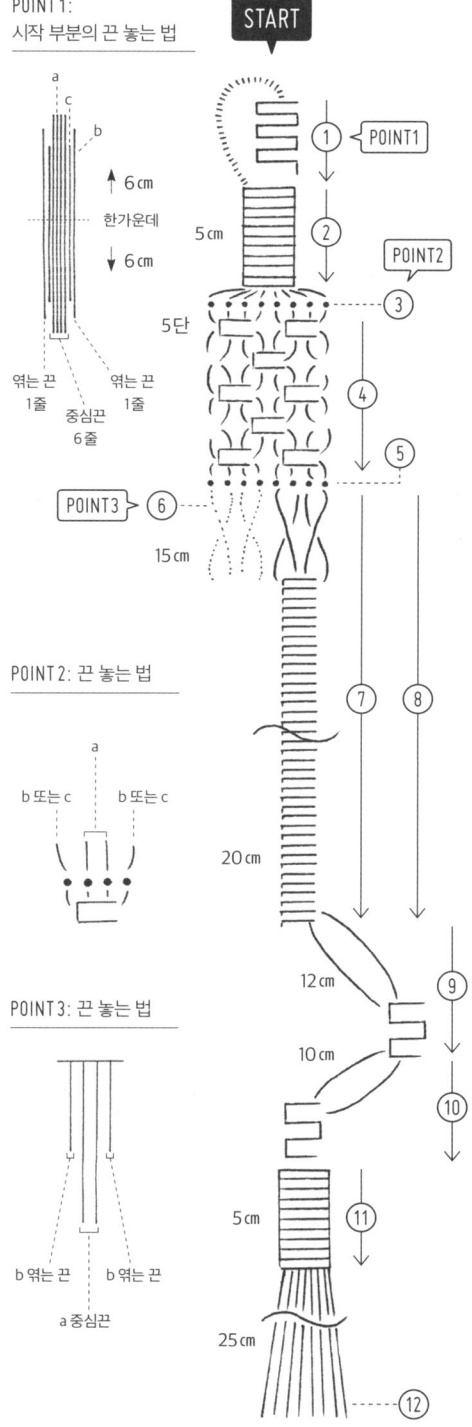

STEP

1. 끈 a, b, c 8줄을 한가운데에서 나란히 놓고 양 방향을 향해 각각 '평매듭' (P.18)을 6cm 길이만큼 한다. ※ P.21 ⓒ 참조

2. ①을 반으로 접어서 랩핑매듭용 끈 1줄로 '랩핑매듭' (P.14)을 5cm 길이만큼 한다.

3. 끈을 그림의 순서대로 배치하고 메탈 링에 '감아엮기'로 묶는다. ※ P.21 ⓕ 참조

4. '평매듭' 1번으로 엮는 '칠보매듭' (P.19)을 5단 한다.

5. 메탈 링에 '감아엮기'로 끈을 묶는다.

6. 중심끈 b나 c 2줄, 엮는 끈 a 2줄씩 4줄 1묶음으로 나눈다 (4묶음이 생긴다).

7. 그중 1묶음으로 중심끈을 바꾸면서 15cm 간격을 띄우고 '평돌기매듭' (P.17)을 20cm 길이만큼 한다. ※ P.23 ① 참조

8. 남은 3묶음도 같은 방법으로 ⑦ 과정을 한다.

9. 12cm 간격을 띄우고 '평매듭' 2번으로 엮는 '칠보매듭'을 한다. ※ P.22 ⓗ 참조

10. 10cm 간격을 띄우고 '평매듭' 2번으로 엮는 '칠보매듭'을 한다.

11. 랩핑매듭용 끈 1줄로 '랩핑매듭'을 5cm 길이만큼 한다.

12. 남은 끈을 25cm 길이로 고르게 자른다.

※ 그림에서 ~ 부분은 매듭과 치수를 생략했습니다.

No 21

트윈 플랫 행잉

높은 곳에 매달기 좋은 2단 행잉입니다.

난이도 | ★★★★
화분 사이즈 | (위) 6~8호 (아래) 7~9호
기법 | 랩핑매듭, 평매듭, 칠보매듭
식물 | 네프로레피스 Nephrolepis

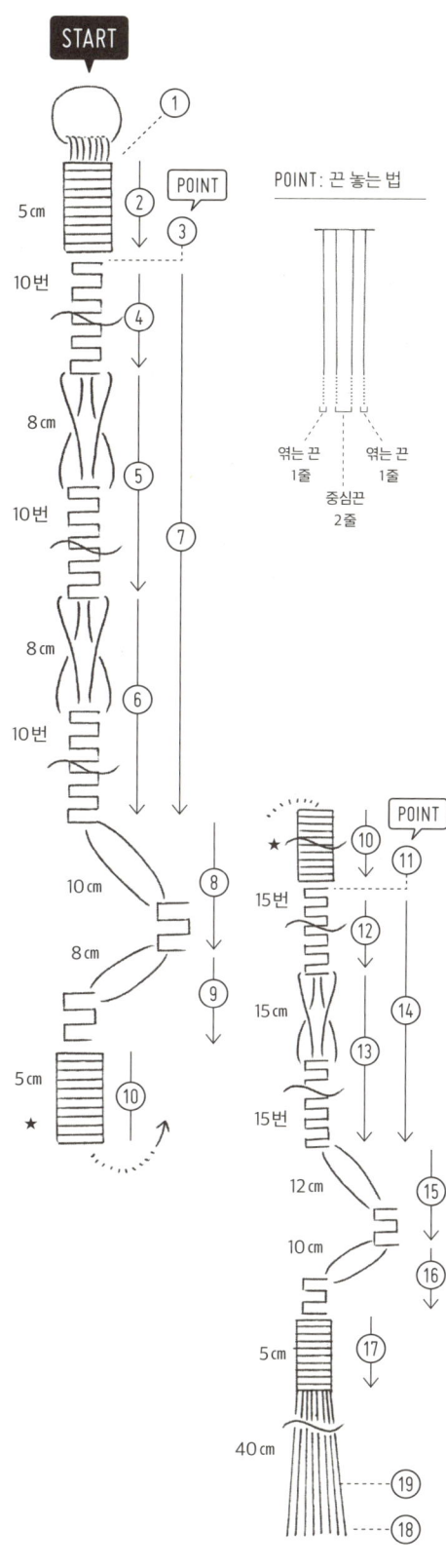

트윈 플랫 행잉

제작시간 : 300분

고리에서 화분 바닥까지 길이 : 약 155cm
재료 : 주트 코드 굵은 타입★(흰색)
　　　700cm×8줄
　　　100cm×3줄 - 랩핑매듭용
　　　메탈 링 안지름 5cm 1개
★ 주트 코드 굵은 타입 : 굵기 약 4.0mm / 1타래
　30m / 주트(황마) 100%

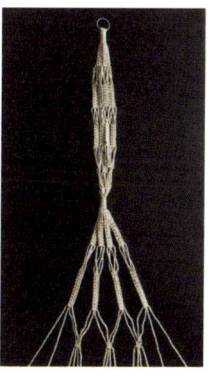

No. 21

STEP

1. 끈 8줄을 한가운데에서 반으로 접어서 링에 건다. ※ P.20 ⑧ 참조
2. 랩핑매듭용 끈 1줄로 '랩핑매듭'(P.14)을 5cm 길이만큼 한다.
3. 중심끈 2줄, 엮는 끈 2줄씩 4줄 1묶음으로 나눈다 (4묶음이 생긴다).
4. 그중 1묶음으로 '평매듭'(P.18)을 10번 한다.
5. 중심끈을 바꾸면서 8cm 간격을 띄우고 '평매듭'을 10번 한다. ※ P.23 ① 참조
6. ⑤ 과정을 1번 더 한다.
7. 남은 3묶음도 같은 방법으로 ④~⑥ 과정을 한다.
8. 10cm 간격을 띄우고 '평매듭' 2번으로 엮는 '칠보매듭'(P.19)을 한다. ※ P.22 ⑭ 참조
9. 8cm 간격을 띄우고 '평매듭' 2번으로 엮는 '칠보매듭'을 한다.
10. 랩핑매듭용 끈 1줄로 '랩핑매듭'을 5cm 길이만큼 한다.
11. 다시 중심끈 2줄, 엮는 끈 2줄씩 4줄 1묶음으로 나눈다 (4묶음이 생긴다).
12. 그중 1묶음으로 '평매듭'을 15번 한다.
13. 중심끈을 바꾸면서 15cm 간격을 띄우고 '평매듭'을 15번 한다.
14. 남은 3묶음도 같은 방법으로 ⑫~⑬ 과정을 한다.
15. 12cm 간격을 띄우고 '평매듭' 2번으로 엮는 '칠보매듭'을 한다.
16. 10cm 간격을 띄우고 '평매듭' 2번으로 엮는 '칠보매듭'을 한다.
17. 랩핑매듭용 끈 1줄로 '랩핑매듭'을 5cm 길이만큼 한다.
18. 남은 끈을 40cm 길이로 고르게 자른다.
19. 끈의 꼬임을 푼다. ※ P.20 ⓐ 참조

※ 그림에서 ~ 부분은 매듭과 치수를 생략했습니다.
※ 그림에서 ★ 표시 부분은 중복된 부분입니다.

TWIN FLAT

№ 22

더블 플랫 행잉

황마 끈의 소박한 질감과
단순한 매듭이 잘 어울려요

난이도 | ★★★★★
화분 사이즈 | 8~10호
기법 | 랩핑매듭, 평매듭, 칠보매듭
식물 | 리코포디움 거베리 Huperzia goebeli

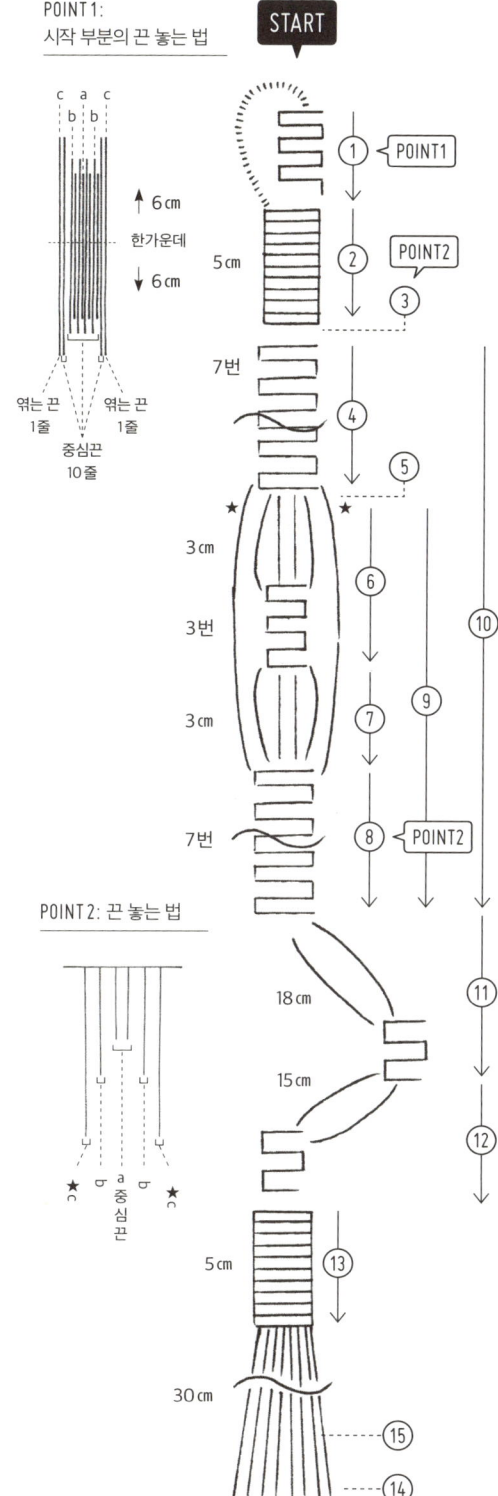

더블 플랫 행잉

제작시간:300분

고리에서 화분 바닥까지 길이: 약 110㎝
재료: 주트 코드 굵은 타입*(아이보리)
　　300㎝×4줄-a
　　450㎝×4줄-b
　　700㎝×4줄-c
　　100㎝×2줄-랩핑매듭용
* 주트 코드 굵은 타입: 굵기 약 4.0mm / 1타래 30m / 주트(황마) 100%

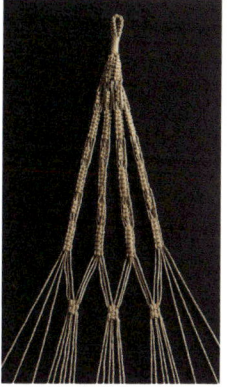

STEP

1. 끈 a . b . c 12줄을 한가운데에서 나란히 놓고, 좌우의 끈 c 1줄씩을 엮는 끈으로 하여 양 방향을 향해 각각 '평매듭' (P.18)을 6㎝ 길이만큼 한다. ※ P.21 ⓒ 참조
2. ①을 반으로 접어서 랩핑매듭용 끈 1줄로 '랩핑매듭' (P.14)을 5㎝ 길이만큼 한다.
3. 중심끈 2줄, 엮는 끈 좌우 2줄씩 6줄 1묶음으로 나눈다 (4묶음이 생긴다).
4. 그중 1묶음으로 '평매듭'을 7번 한다(이때 중심끈은 a와 b 4줄).
5. 바깥쪽의 좌우 엮는 끈 1줄씩(★)을 쉬게 둔다.
6. 엮는 끈 b 2줄과 중심끈 a 2줄로 3㎝ 간격을 띄우고 '평매듭'을 3번 한다.
7. 3㎝ 간격을 띄운다.
8. 끈 a와 b 4줄을 중심끈으로, 양 옆의 끈 c(★) 1줄씩을 엮는 끈으로 하여 '평매듭'을 7번 한다.
9. ⑤~⑧ 과정을 2번 되풀이한다.
10. 남은 3묶음도 같은 방법으로 ④~⑨ 과정을 한다.
11. 18㎝ 간격을 띄우고 끈을 2겹으로 하여 '평매듭' 2번으로 엮는 '칠보매듭' (P.19)을 한다. ※ P.22 ㉯ 참조
12. 15㎝ 간격을 띄우고 끈을 2겹으로 하여 '평매듭' 2번으로 엮는 '칠보매듭' 을 한다.
13. 랩핑매듭용 끈 1줄로 '랩핑매듭'을 5㎝ 길이만큼 한다.
14. 남은 끈을 30㎝ 길이로 고르게 자른다.
15. 끈의 꼬임을 푼다. ※ P.20 ⓐ 참조

※ 그림에서 ~ 부분은 매듭과 치수를 생략했습니다.
※ 끈 b는 중심끈이 되었다가 엮는 끈이 되기도 합니다.

ARRANGE 01

보틀 행잉

◇◇◇◇◇◇◇◇◇

칠보매듭을 사용하면 길쭉한 통 모양도
쉽게 만들 수 있어요

난이도 | ★★★
화분 사이즈 | 와인병
기법 | 랩핑매듭, 평매듭, 칠보매듭
식물 | 플렉수오사 비비파라 Tillandsia flexuosa vivipara

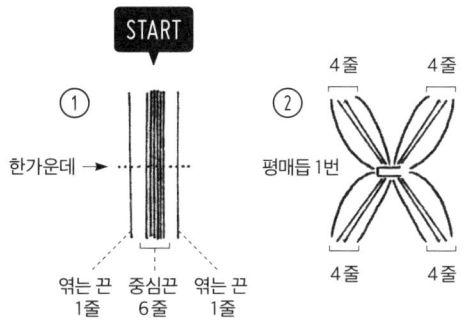

보틀 행잉

제작시간:180분

고리에서 화분 바닥까지 길이: 약 50㎝
재료 : 내추럴 파이버 케냐 로프*
　　　180㎝×8줄
　　　100㎝×1줄 - 랩핑매듭용
＊내추럴 파이버 케냐 로프 : 굵기 약 3.0mm / 1타래 40m / 마닐라삼
※ 케냐 로프는 미리 물을 분무하여 적셔 두면 매듭을 엮기 편합니다.

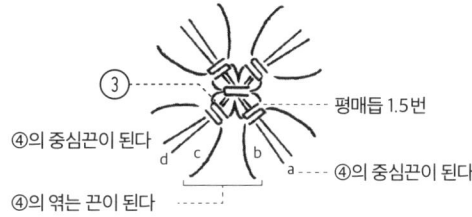

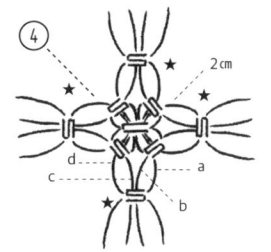

STEP

1. 중심끈 6줄, 좌우 1줄씩을 엮는 끈으로 한다.

2. 한가운데에 '평매듭' (P. 18)을 1번 하고 4줄씩 나눈다. 안쪽 2줄을 중심끈, 좌우 1줄씩을 엮는 끈으로 한다.

3. 그중 1묶음으로 '평매듭'을 1. 5번 한다(P. 16 '평매듭' 만드는 과정에서 1→2→3→4→1→2를 한다). 남은 3묶음도 같은 방법으로 엮는다.

4. 2㎝ 간격을 띄우고 '평매듭' 1.5번으로 엮는 '칠보매듭' (P.19)을 1단 한다.

5. 4㎝ 간격을 띄우고 '평매듭' 1.5번으로 엮는 '칠보매듭'을 6단 한다.

6. 남은 끈을 3줄, 3줄, 2줄로 나눠서 이것을 1묶음으로 한다 (1묶음이 더 생긴다).

7. ⑥의 1묶음으로 '세 줄 땋기' (P.16)를 12㎝ 길이만큼 한다.

8. '세 줄 땋기'가 풀리지 않도록 투명테이프 등으로 임시 고정한다.

9. 다른 1묶음으로도 ⑥~⑧ 과정을 되풀이하여 세 줄 땋기를 하고 임시로 고정한다.

10. 임시로 고정한 부분을 좌우에서 맞대고, 겹친 부분에 랩핑매듭용 끈으로 '랩핑매듭' (P.14)을 3㎝ 길이만큼 한다. 끈 끝을 자른다.

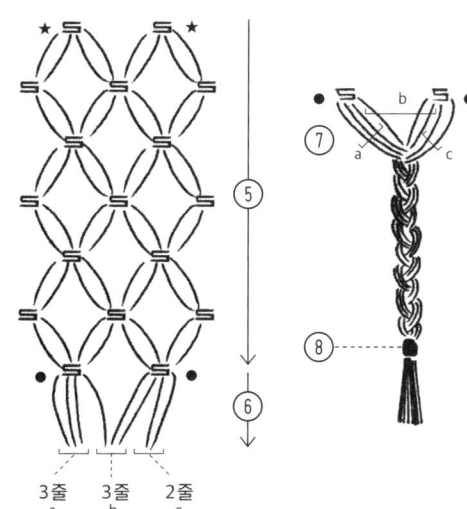

※ 그림에서 ★과 ● 표시는 같은 위치를 표시합니다.

ARRANGE 02

링 행잉

매듭 사이에 링을 끼워서 식물을 걸 수 있는 디자인으로 연출했어요.

난이도 | ★★★★
기법 | 랩핑매듭, 레이스매듭, 평매듭
식물 | 틸란드시아 이오난사 Tillandsia ionantha

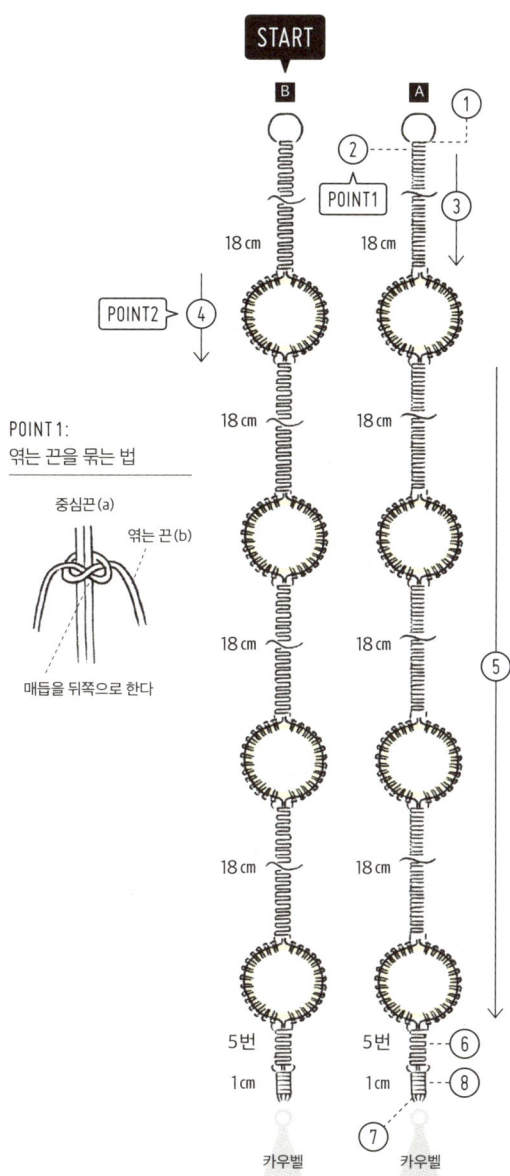

링 행잉

제작시간: 1개 약 150분

고리에서 화분 바닥까지 길이: 약 115㎝
재료(2개분): 아크릴 코드 4×4*(아이보리)
　　　　　250㎝×2줄 -a
　　　　　16m×2줄 -b
　　　　　30㎝×2줄 - 랩핑매듭용
　　　　　우드 링 바깥지름 4.4㎝ 2개
　　　　　플라스틱 링 바깥지름 5㎝ 8개
　　　　　카우벨 2개
*아크릴 코드 4×4 : 굵기 약 3.0mm / 1타래 50m / 아크릴 100%

STEP

1. 끈 a를 한가운데에서 반으로 접어서 우드 링에 묶는다.
※ P.21 ⓓ 참조

2. 중심끈 a에 엮는 끈 b를 한가운데에서 반으로 접어서 그림처럼 묶고 매듭을 뒤쪽으로 돌린다.

3. [A] 중심끈 2줄, 엮는 끈 2줄로 '평돌기매듭' (P.17)을 18㎝ 길이만큼 한다. [B] 중심끈 2줄, 엮는 끈 2줄로 '평매듭'(P.18) 을 18㎝ 길이만큼 한다.

4. 플라스틱 링과 좌우에 댄 중심끈 2줄을 중심끈으로 삼아 각각 '레이스매듭' (P.16~17)을 14번 한다.

5. ③~④ 과정을 3번 되풀이한다.

6. '평매듭'을 5번 한다.

7. 남은 끈 4줄을 카우벨에 끼우고 1㎝ 간격을 띄워서 위로 접어 올린다.

8. 랩핑매듭용 끈으로 ⑦에서 접은 끈과 합쳐서 '랩핑매듭'(P.14) 을 1㎝ 길이만큼 한다. 남은 끈은 모두 자른다.

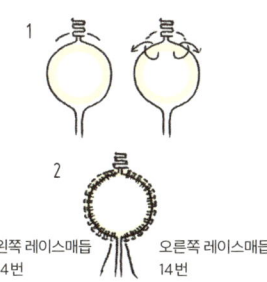

POINT 2: 레이스매듭 마무리

1. 플라스틱 링에 중심끈을 좌우로 링을 따라 댄다.
2. ①을 중심끈으로 하고, 엮는 끈으로 좌우에 '레이스매듭'을 14번씩 한다. 이때 오른쪽은 '오른쪽 레이스매듭', 왼쪽은 '왼쪽 레이스매듭'을 한다.

ARRANGE 03

칠보 행잉
◇◇◇◇◇◇◇◇

평면 매듭으로 부드럽게
감싸는 모양의 행잉을 연출했어요.

난이도 | ★★★★
화분 사이즈 | 4~5호
기법 | 랩핑매듭, 평매듭, 칠보매듭
식물 | 박쥐란 Platycerium bifurcatum

ARRANGE 03

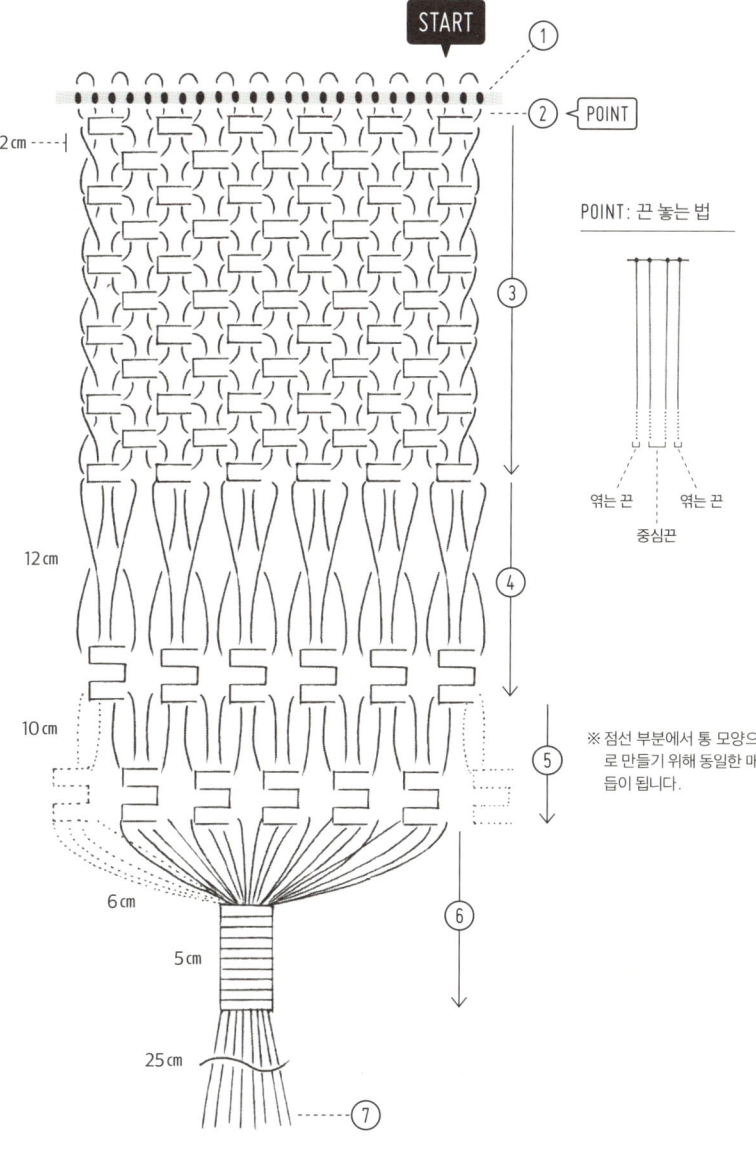

POINT: 끈 놓는 법

엮는 끈 / 엮는 끈 / 중심끈

칠보 행잉

제작시간: 200분

봉에서 화분 바닥까지 길이: 약 60㎝
재료: 코튼 코드 소프트 3*(연녹색)
260㎝×12줄
120㎝×1줄 - 랩핑매듭용
봉 25㎝×1개
* 코튼 코드 소프트 3 : 굵기 약 3.0mm
/ 1타래 28m / 면 100%

※ 점선 부분에서 통 모양으로 만들기 위해 동일한 매듭이 됩니다.

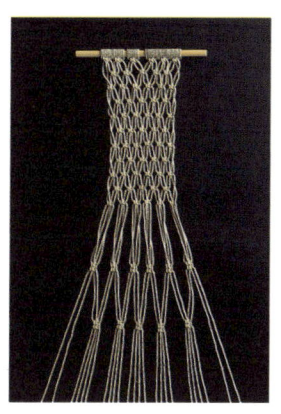

BUDDHIST TREASURE MESH

STEP

1. 끈 12줄을 한가운데에서 반으로 접어서 봉에 묶는다.
※ P.21 ⓒ 참조

2. 중심끈 2줄, 엮는 끈 2줄씩 4줄 1묶음으로 나눠서 (6묶음이 생긴다) '평매듭' (P. 18) 1번을 1단 한다(세로 6줄이 생긴다).

3. 2㎝ 간격을 띄우고 '평매듭' 1번으로 엮는 '칠보매듭'(P.19)을 10단 한다. 이때 양 끝은 중심끈을 바꾸면서 엮는다.
※ P.23 ① 참조

4. 중심끈을 바꾸면서 12㎝ 간격을 띄우고 '평매듭'을 2번 한다. ※ P.23 ① 참조

5. 10㎝ 간격을 띄우고 '평매듭' 2번으로 엮는 '칠보매듭'을 한다. 좌우 끈 2줄씩은 평면 상태의 겉끼리 맞대고 엮는다. ※ P.22 ⓗ의 5~6 참조

6. 6㎝ 간격을 띄우고 랩핑매듭용 끈 1줄로 '랩핑매듭'(P.14)을 5㎝ 길이만큼 한다.

7. 남은 끈을 25㎝ 길이로 고르게 자른다.

ARRANGE 04

포켓 행잉
◇◇◇◇◇◇◇◇◇◇

다육식물이나 공중식물 등을 넣기에 안성맞춤인
포켓 행잉입니다.

난이도 | ★★★★★
기법 | 랩핑매듭, 옭매듭, 맞매듭, 평매듭, 칠보매듭, 감아엮기
오른쪽 식물 | 틸란드시아 트리콜라 Tillandsia tricolor
왼쪽 식물 | 틸란드시아 이오난사 Tillandsia ionantha

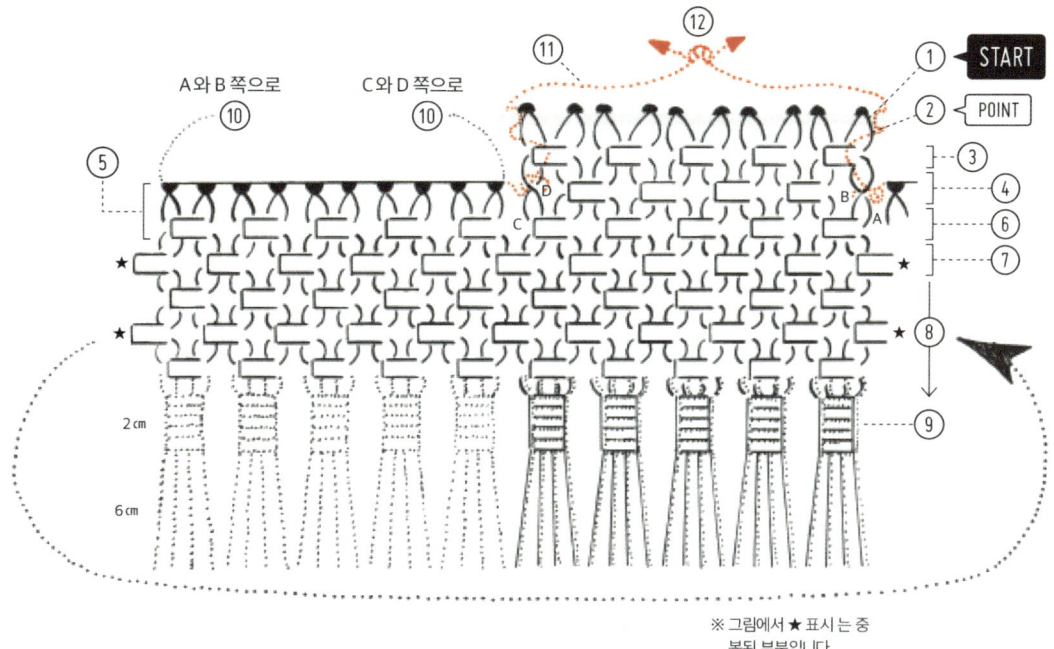

포켓 행잉

제작시간: 240분
크기: 폭 약 20㎝ × 길이 약 25㎝
재료: 내추럴 파이버 케냐 로프★
　　　150㎝ × 10줄 - a
　　　120㎝ × 10줄 - b
　　　100㎝ × 1줄 - 중심끈
　　　50㎝ × 5줄 - 랩핑매듭용
　　　작은 나뭇가지 1개
★ 내추럴 파이버 케냐 로프 : 굵기 약 3.0mm / 1타래 40m / 마닐라삼
※ 케냐 로프는 미리 물을 분무하여 적셔 두면 매듭을 엮기 편합니다.

POINT : 끈 놓는 법

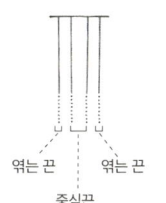

STEP

1. 끈 a 10줄을 한가운데에서 반으로 접어서 작은 나뭇가지에 묶는다. ※ P.21 ⓓ 참조

2. 중심끈 2줄, 엮는 끈 2줄씩 4줄 1묶음으로 나눈다 (5묶음이 생긴다).

3. '평매듭' (P.18) 1번을 1단 한다 (세로 5줄이 생긴다).

4. 1.5㎝ 간격을 띄우고 '평매듭' 1번으로 엮는 '칠보매듭' (P.19)을 1단 한다 (세로 4줄이 생긴다). 좌우의 끈 A.B.C.D 4줄은 그대로 둔다.

5. 끈 b를 한가운데에서 반으로 접어서 100㎝짜리 중심끈에 묶는다. ※ P.21 ⓓ 참조. 이것을 뒤집어서 (끈 b를 묶은 매듭이 중심끈 앞쪽으로 온다) '평매듭' 1번을 1단 한다 (세로 5줄이 생긴다). 이때 중심끈의 좌우 나머지 부분이 같은 길이가 되도록 한다.

6. 1.5㎝ 간격을 띄우면서 '평매듭' 1번으로 엮는 '칠보매듭' 을 1단 한다 (세로 5줄이 생긴다). ④에서 쉬게 둔 끈 A와 B, C와 D는 중심끈을 바꾼다. ※ P.23 ⓘ 참조

7. 주머니 부분을 몸판에 겹쳐서 합친다. 1.5㎝ 간격을 띄우고 '평매듭' 1번으로 엮는 '칠보매듭' 을 한다 (세로 10줄이 생긴다). (여기에서 통 모양이 된다)

8. 다시 1.5㎝ 간격을 띄우고 '평매듭' 1번으로 엮는 '칠보매듭' 을 3번 되풀이한다.

9. 양면의 남은 끈을 세로로 생긴 줄마다 하나로 모아서 중심끈으로 삼고, 뒤집어서 랩핑매듭용 끈으로 '랩핑매듭' (P.14)을 2㎝ 길이만큼 한다 (5군데).

10. ⑤에서 남겨 둔 중심끈을 그림의 빨간 점선처럼 끈 A와 B, 끈 C와 D에 각각 '얽매듭' (P.14)을 한다. (끈 끝에 투명 테이프를 감아 두면 끼우기 쉽다)

11. 끈 끝을 첫째 단 '평매듭'의 매듭 속으로 통과시켜서 나뭇가지에 한 번 감는다.

12. 양쪽 끈 끝으로 '맞매듭' (P.15)을 하여 거는 끈으로 삼는다.

ARRANGE 05
스파이럴 태피스트리 행잉

◇◇◇◇◇◇◇◇

섬세한 디자인이 돋보이는 행잉.
어떤 공간이든 걸어놓는 것만으로도
멋진 인테리어가 될 것 같아요.

난이도 | ★★★★★
화분 사이즈 | 7~9호
기법 | 랩핑매듭, 한매듭, 평돌기매듭, 평매듭,
　　　칠보평돌기매듭, 칠보매듭
식물 | 파츠헤데라 Fatshedera lizei

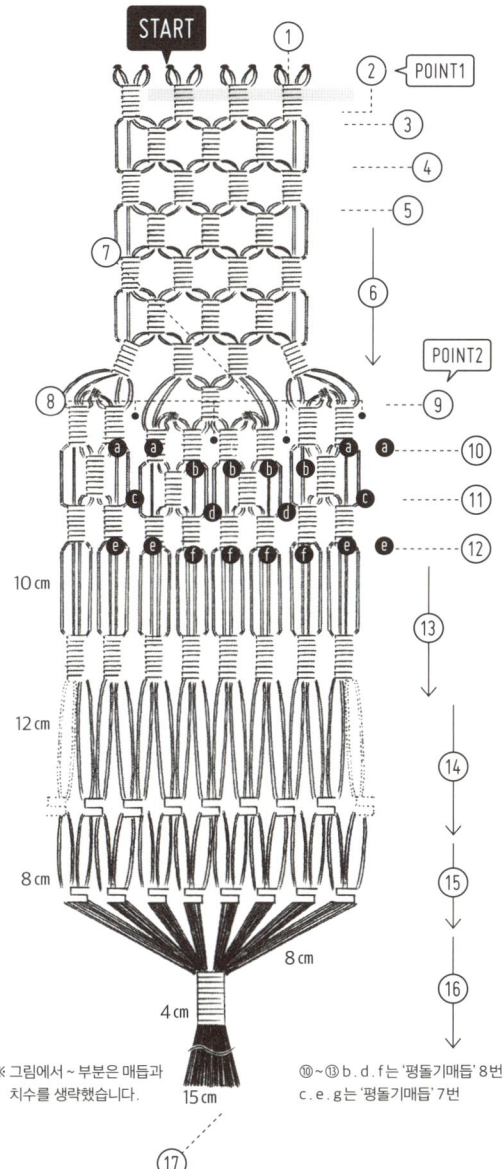

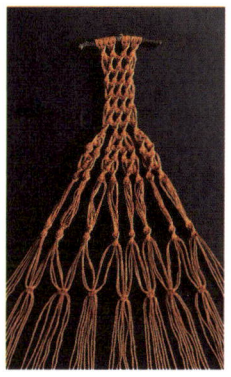

스파이럴 태피스트리 행잉

제작시간: 300분
고리에서 화분 바닥까지 길이: 약 80㎝
재료: 주트 라미*(마리골드)
　　　450㎝×16줄 -a
　　　250㎝×16줄 -b
　　　100㎝×1줄 -랩핑매듭용
　　　작은 나뭇가지 1개
★ 주트 라미: 굵기 약 2.0mm / 실패 1개 약 65m / 주트 (황마) 50%, 라미 (모시) 50%

ARRANGE 05

STEP

1. 끈 a 16줄을 한가운데에서 반으로 접고, 끈을 2겹으로 하여 작은 나뭇가지에 묶는다. ※ P.21 ⓓ 참조

2. 중심끈 4줄, 엮는 끈 좌우 각 2줄씩 8줄 1묶음으로 나눈다 (4묶음이 생긴다).

3. 엮는 끈을 2겹으로 하여 '평돌기매듭' (P.17) 7번을 1단 한다 (세로 4줄이 생긴다).

4. 엮는 끈을 2겹으로 하여 '평돌기매듭' 7번으로 엮는 '칠보매듭' (P. 19)을 1단 한다. 이때 양 끝의 4줄씩은 그대로 둔다 (세로 3줄이 생긴다).

5. ④에서 쉬게 둔 끈을 더해서 '평돌기매듭' 7번으로 엮는 '칠보매듭' 을 1단 한다(세로 4줄이 생긴다).

6. ④~⑤ 과정을 2번 되풀이한다.

7. 세로로 생긴 한 줄의 한가운데 끈 8줄을 사용하여, 끈 2겹으로 '평돌기매듭' 7번으로 엮는 '칠보매듭' 을 1단 한다.

8. 끈 b 16줄을 4줄씩 나눠서 한가운데에서 '한매듭' (P.15)을 하고(4묶음이 생긴다), 각각 그림의 ⑧ 위치에 더한다. ※ P.23 ⓚ 참조

9. ⑧에서 더한 4줄과 매듭에서 나온 끈 4줄을 1묶음으로 하여 중심끈 4줄, 엮는 끈 좌우 2줄씩 8줄 1묶음으로 나눈다 (8묶음이 생긴다).

10. 엮는 끈을 2겹으로 하여 ⓐ 위치는 '평돌기매듭' 8번, ⓑ 위치는 '평돌기매듭' 7번을 1단 한다.

11. 양 끝의 4줄을 쉬게 두고 ⓒ 위치는 '평돌기매듭' 8번으로 엮는 '칠보매듭', ⓓ 위치는 '평돌기매듭' 7번으로 엮는 '칠보매듭' 을 1단 한다. 쉬게 둔 끈은 그대로 둔다.

12. ⑪에서 쉬게 둔 끈을 더해서 ⓔ 위치는 '평돌기매듭' 8번, ⓕ 위치는 '평돌기매듭' 7번을 1단 한다.

13. 중심끈을 바꾸지 않고 10㎝ 간격을 띄워서 '평돌기매듭' 을 9번 한다.

14. 12㎝ 간격을 띄우고 '평매듭' 1.5번(P.23 '평매듭' 과정에서 1→2→3→4→1→2를 한다)으로 엮는 '칠보매듭' 을 1단 한다. 양 끝은 평면 상태의 겉끼리 맞닿게 해서 엮는다. ※ P.22 ⓗ의 5~6 참조. (여기에서 통 모양이 된다)

15. 8㎝ 간격을 띄우고 '평매듭' 1.5번으로 엮는 '칠보매듭' 을 1단 한다.

16. 8㎝ 간격을 띄우고 랩핑매듭용 끈 1줄로 '랩핑매듭' (P.14)을 4㎝ 길이만큼 한다.

17. 남은 끈을 15㎝ 길이로 고르게 자른다.

POINT 1: 끈 놓는 법

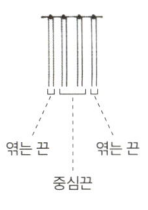

POINT 2: 끈 놓는 법

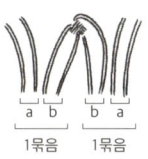

※ 안쪽 4줄을 중심끈으로 한다.

SPIRAL TAPESTRY

ABOUT CODE

행잉 화분 만들 때 사용하는 끈의 종류

마크라메 작품에는 주로 면끈을 사용합니다. 끈의 굵기는 합수로 나타내는데 합의 숫자는 실의 가닥수를 의미합니다. 48합이란 면실 48가닥을 꼬아놓은 끈을 말합니다. 합수가 높아질수록 끈의 굵기는 두꺼워집니다. 면끈 다음으로는 마끈을 자주 사용합니다. 마끈 또한 합수로 굵기를 표현하는데 가닥수가 합수를 의미하고 합수가 커질수록 두꺼워집니다. 마크라메는 면끈 가운데 내추럴 컬러를 많이 사용하는데, 포인트 컬러가 필요하거나 컬러에 변화를 주고 싶을 때는 여러 가지 컬러 면끈을 활용해보세요. 면끈이나 마끈 이외에도 아크릴끈, 비닐끈, 뜨개실 등 여러 가지 끈을 활용하여 마크라메 행잉을 만들 수 있습니다.

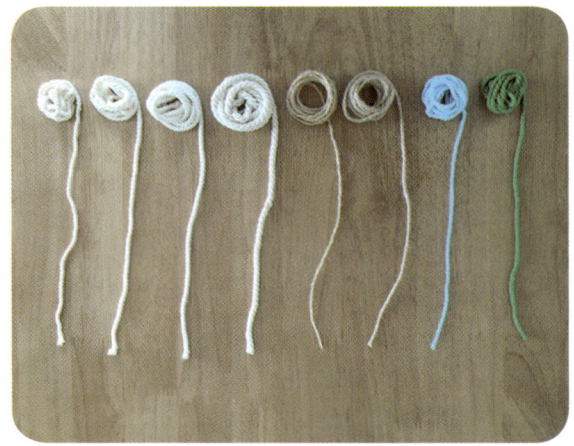

면끈 48합
두께 2.5mm / 1타래 약 80마
2500원

면끈 60합
두께 약 3.0mm / 1타래 약 80마
3000원

면끈 90합
두께 약 4.0mm / 1타래 약 80마
3000원

면끈 120합
두께 약 4.5mm / 1타래 약 80마
4000원

마끈 4합
두께 약 2.0mm / 1타래 약 80마
3500원

마끈 6합
두께 약 3.0mm / 1타래 약 80마
4000원

블루 컬러 면끈 48합
두께 약 2.5mm / 1타래 약 40마
3000원

그린 컬러 면끈 48합
두께 약 2.5mm / 1타래 약 40마
3000원

★ 2019년 7월에 동대문종합시장 A동 지하에서 구입한 가격입니다. 가게마다 다를 수 있습니다.

책에서 사용한 끈의 종류

책에서 소개한 작품은 일본의 메르헨아트스토어 재료로 제작되었습니다.
메르헨아트스토어는 마크라메, 뜨개, 가방, 바구니 등을 만들 수 있는 각종 취미 재료를 판매하는 곳입니다.

아웃도어 코드
굵기 : 약 3.0mm
길이 : 1타래 약 5m
소재 : 폴리에스테르 100%
인장강도 : 180kg
http://marchen-art-store.jp/?pid=119952368

내추럴 파이버 케냐 로프
굵기 : 약 3.0mm
길이 : 1타래 40m
소재 : 마닐라삼
http://marchen-art-store.jp/?pid=120622372

아크릴 코드 4×4
굵기 : 약 3.0mm
길이 : 1타래 50m
소재 : 아크릴 100%
http://marchen-art-store.jp/?pid=120512376

코튼 코드 소프트 3
굵기 : 약 3.0mm
길이 : 1타래 28m
소재 : 면 100%
http://marchen-art-store.jp/?pid=120546536

빅 미자라시
굵기 : #30 약 2.0mm / #40 약 3.0mm / #70 약 4.0mm
길이 : #30 약 78m / #40 약 78m / #70 약 77m
소재 : 면 100%
http://marchen-art-store.jp/?pid=131982598

헴프 트와인 중 타입
굵기 : 약 1.8mm
길이 : 1타래 10m
소재 : 헴프(대마) 100%
http://marchen-art-store.jp/?pid=120568695

주트 라미
굵기 : 약 2.0mm
길이 : 실패 1개 약 65m
소재 : 주트(황마) 50% , 라미(모시) 50%
http://marchen-art-store.jp/?pid=120621539

주트 코드 가는 타입
굵기 : 약 3.0mm
길이 : 1타래 50m
소재 : 주트(황마) 100%
http://marchen-art-store.jp/?pid=120619869

주트 코드 굵은 타입
굵기 : 약 4.0mm
길이 : 1타래 30m
소재 : 주트(황마) 100%
http://marchen-art-store.jp/?pid=120620008

MAIL ORDER

마크라메 행잉 화분

1판 1쇄 인쇄 2019년 7월 7일
1판 1쇄 발행 2019년 7월 11일

지은이 주부의벗사 편집부
옮긴이 남궁가윤
펴낸이 정원정, 김자영
편집 홍현숙
디자인 이유진

JAPAN STAFF

촬영 〈커버, 작품, 배경〉 에토 키요코
〈프로세스, 소재〉 시바타 카즈노리(주부의벗사),
미토미 카즈유키(DNP 미디어 아트)
〈동영상〉 하나미츠 히로미
일러스트 코시이 다카시

펴낸곳 즐거운상상
주소 서울시 중구 충무로 13 엘크루메트로시티 1811호
전화 02-706-9452
팩스 02-706-9458
전자우편 happywitches@naver.com
페이스북 @happydreampub
포스트 post.naver.com/happywitches
출판등록 2001년 5월 7일
인쇄 천일문화사

ISBN 979-11-5536-134-4 (13630)

* 이 책의 모든 글과 그림, 디자인을 무단으로 복사, 복제, 전재하는 것은 저작권법에 위배됩니다.
* 잘못 만들어진 책은 서점에서 교환하여 드립니다.
* 책값은 뒤표지에 있습니다.

マクラメ ハンギング
© Shufunotomo Co., Ltd. 2015

Originally published in Japan by Shufunotomo Co., Ltd.
Translation rights arranged with Shufunotomo Co., Ltd.
Through Botong Agency

이 책의 한국어판 저작권은 Botong Agency를 통한 저작권자와의 독점 계약으로 즐거운상상이 소유합니다.
신저작권법에 의하여 한국 내에서 보호를 받는 저작물이므로 무단전재와 무단복제를 금합니다.